Armando Barraza

Por que hoy día al estudiante le gusta memorizar en vez de comprender

Armando Barraza

Por que hoy día al estudiante le gusta memorizar en vez de comprender

Estudiante le gusta memorizar

JustFiction Edition

Imprint
Any brand names and product names mentioned in this book are subject to trademark, brand or patent protection and are trademarks or registered trademarks of their respective holders. The use of brand names, product names, common names, trade names, product descriptions etc. even without a particular marking in this work is in no way to be construed to mean that such names may be regarded as unrestricted in respect of trademark and brand protection legislation and could thus be used by anyone.

Cover image: www.ingimage.com

Publisher:
JustFiction! Edition
is a trademark of
Dodo Books Indian Ocean Ltd. and OmniScriptum S.R.L publishing group

120 High Road, East Finchley, London, N2 9ED, United Kingdom
Str. Armeneasca 28/1, office 1, Chisinau MD-2012, Republic of Moldova, Europe
Printed at: see last page
ISBN: 978-620-0-10825-8

¡Por qué hoy día, al estudiante le gusta memorizar en vez de comprender!

Autor. Armando Barraza Cuellar.

Capítulo uno.

¡Por qué hoy día, al estudiante le gusta memorizar en vez de comprender!

Resumen.

¡Por qué hoy día, al estudiante le gusta memorizar en vez de comprender! Los tiempos han cambiado, ya no es igual el estudio de antaño a ahora, la tecnología moderna nos ha desplazado las funciones del tres cerebros, y sobre todo el cerebro humano y el cerebro media- mamífero, porque la tecnología te lo d da todo, y es por ello, que el estudiante ha permito que la tecnología le ayude demasiado a tal grado que su memoria,, mente, conciencia esta un poco inactiva, y es por ello que el estudiante , la mayoría ahora memoriza sin entender, comprender y analizar la lectura, y esto es grave, pero . el estudiantado le gusta esa forma, y así sigue, ¡Que tristeza, y que agonía!

Palabras clave.

Pereza cerebral, agonía, lectura, memorizar, comprender, analizar, tecnología, apatía.

Introducción.

¡Por qué hoy día, al estudiante le gusta memorizar en vez de comprender! Los tiempos han cambiado, ya no es igual el estudio de antaño a ahora, la tecnología moderna nos ha desplazado las funciones del tres cerebros, y sobre todo el cerebro humano y el cerebro media- mamífero, porque la tecnología te lo d da todo, y es por ello, que el estudiante ha permito que la tecnología le ayude demasiado a tal grado que su memoria,, mente, conciencia está un poco inactiva, y es por ello que el estudiante , la mayoría ahora memoriza sin entender, comprender y analizar la lectura, y esto es grave, pero . el estudiantado le gusta esa forma, y así sigue, ¡Que tristeza, y que agonía! Pereza cerebral, agonía, lectura, memorizar, comprender, analizar, tecnología, apatía. Cuando memorizamos, no alcanzamos a entender, comprender y mucho menos entender los conceptos, los verbos, las oraciones y toda la lectura y esto nos lleva a una crisis memorizaste, que nos perdemos en la lectura y nos lleva a una mediocridad profunda, que nos lleva ala Sima, y esto es grave. Hoy día muchas escuelas, universidades, en los cuatro vientos, el estudiantado solo memoriza, pero no tienen un conocimiento profundo y por ello, los lleva a una crisis, que los lleva a una mediocridad, por falta de conocimiento y esto es grave porque nos lleva a la Sima (abismo de la mediocridad, como que somos nubes sin agua y cualquier viento nos arrastra a su antojo, que nos lleva a una mediocridad y a una perdición total. Así que, hay que tener mucho cuidado, creo que hoy es el día en que debemos de dejar atrás la apatía, y la mediocridad, hay que iniciar una excelente lectura, con amor, con entusiasmo, y con mucha paciencia para poder entender, comprender y analizar, hacia donde me lleva la lectura y además hay que ponerlo en práctica con los demás para ser útil ante la sociedad. Bueno pues mano a la obra, hoy es el día, para cambiar mis pensamientos, mis memorias, y hacer lo correcto respecto a la lectura, y hay que mediar, analizar, y comprender hacia donde me lleva la lectura, y hay que ponerlo en práctica lo que estoy leyendo, para bien de mí, y de los demás.

Metodología sistemática.

¡Por qué hoy día, al estudiante le gusta memorizar en vez de comprender! Los tiempos han cambiado, ya no es igual el estudio de antaño a ahora, la tecnología moderna nos ha desplazado las funciones del tres cerebros, y sobre todo el cerebro humano y el cerebro media- mamífero, porque la tecnología te lo d da todo, y es por ello, que el estudiante ha permito que la tecnología le ayude demasiado a tal grado que su memoria,, mente, conciencia está un poco inactiva, y es por ello que el estudiante , la mayoría ahora memoriza sin entender, comprender y analizar la lectura, y esto es grave, pero . el estudiantado le gusta esa forma, y así sigue, ¡Que tristeza, y que agonía! Pereza cerebral, agonía, lectura, memorizar, comprender, analizar, tecnología, apatía. Cuando memorizamos, no alcanzamos a entender, comprender y mucho menos entender los conceptos, los verbos, las oraciones y toda la lectura y esto nos lleva a una crisis memorizaste, que nos perdemos en la lectura y nos lleva a una mediocridad profunda, que nos lleva a la Sima, y esto es grave. Hoy día muchas escuelas, universidades, en los cuatro vientos, el estudiantado solo memoriza, pero no tienen un conocimiento profundo y por ello, los lleva a una crisis, que los lleva a una mediocridad, por falta de conocimiento y esto es grave porque nos lleva a la Sima (abismo de la mediocridad, como que somos nubes sin agua y cualquier viento nos arrastra a su antojo, que nos lleva a una mediocridad y a una perdición total. Así que, hay que tener mucho cuidado, creo que hoy es el día en que debemos de dejar atrás la apatía, y la mediocridad, hay que iniciar una excelente lectura, con amor, con entusiasmo, y con mucha paciencia para poder entender, comprender y analizar, hacia donde me lleva la lectura y además hay que ponerlo en práctica con los demás para ser útil ante la sociedad. Bueno pues mano a la obra, hoy es el día, para cambiar mis pensamientos, mis memorias, y hacer lo correcto respecto a la lectura, y hay que mediar, analizar, y comprender hacia donde me lleva la lectura, y hay que ponerlo en práctica lo que estoy leyendo, para bien de mí, y de los demás.

Discusión.

¿Qué vamos a hacer, con la memorización de hoy día? ¡Hay que hacer algo, pero ya! Los tiempos han cambiado, ya no es igual el estudio de antaño a ahora, la tecnología moderna nos ha desplazado las funciones del tres cerebros, y sobre todo el cerebro humano y el cerebro media- mamífero, porque la tecnología te lo d da todo, y es por ello, que el estudiante ha permito que la tecnología le ayude demasiado a tal grado que su memoria,, mente, conciencia está un poco inactiva, y es por ello que el estudiante , la mayoría ahora memoriza sin entender, comprender y analizar la lectura, y esto es grave, pero . el estudiantado le gusta esa forma, y así sigue, ¡Que tristeza, y que agonía! Pereza cerebral, agonía, lectura, memorizar, comprender, analizar, tecnología, apatía. Cuando memorizamos, no alcanzamos a entender, comprender y mucho menos entender los conceptos, los verbos, las oraciones y toda la lectura y esto nos lleva a una crisis memorizaste, que nos perdemos en la lectura y nos lleva a una mediocridad profunda, que nos lleva a la Sima, y esto es grave. Hoy día muchas escuelas, universidades, en los cuatro vientos, el estudiantado solo memoriza, pero no tienen un conocimiento profundo y por ello, los lleva a una crisis, que los lleva a una mediocridad, por falta de conocimiento y esto es grave porque nos lleva a la Sima (abismo de la mediocridad, como que somos nubes sin agua y cualquier viento nos arrastra a su antojo, que nos lleva a una mediocridad y a una perdición total. Así que, hay que tener mucho cuidado, creo que hoy es el día en que debemos de dejar atrás la apatía, y la mediocridad, hay que iniciar una excelente lectura, con amor, con entusiasmo, y con mucha paciencia para poder entender, comprender y analizar, hacia donde me lleva la lectura y además hay que ponerlo en práctica con los demás para ser útil ante la sociedad. Bueno pues mano a la obra, hoy es el día, para cambiar mis pensamientos, mis memorias, y hacer lo correcto respecto a la lectura, y hay que mediar, analizar, y comprender hacia donde me lleva la lectura, y hay que ponerlo en práctica lo que estoy leyendo, para bien de mí, y de los demás.

Imagen.

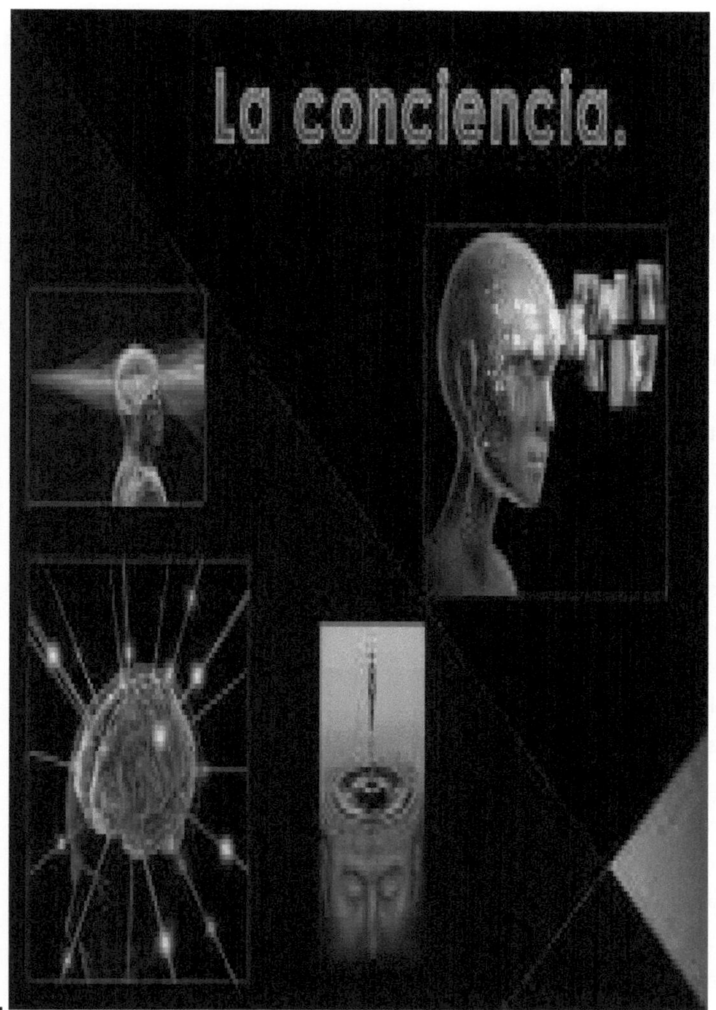

.

Cuadro mental.

! Los tiempos han cambiado, ya no es igual el estudio de antaño a ahora, la tecnología moderna nos ha desplazado las funciones del tres cerebros, y sobre todo el cerebro humano y el cerebro media- mamífero, porque la tecnología te lo d da todo, y es por ello, que el estudiante ha permito que la tecnología le ayude demasiado a tal grado que su memoria,, mente, conciencia está un poco inactiva, y es por ello que el estudiante , la mayoría ahora memoriza sin entender, comprender y analizar la lectura, y esto es grave, pero . el estudiantado le gusta esa forma, y así sigue, ¡Que tristeza, y que agonía! Pereza cerebral, agonía, lectura, memorizar, comprender, analizar, tecnología, apatía. Cuando memorizamos, no alcanzamos a entender, comprender y mucho menos entender los conceptos, los verbos, las oraciones y toda la lectura y esto nos lleva a una crisis memorizaste, que nos perdemos en la lectura y nos lleva a una mediocridad profunda, que nos lleva a la Sima, y esto es grave. Hoy día muchas escuelas, universidades, en los cuatro vientos, el estudiantado solo memoriza, pero no tienen un conocimiento profundo y por ello, los lleva a una crisis, que los lleva a una mediocridad, por falta de conocimiento y esto es grave porque nos lleva a la Sima (abismo de la mediocridad, como que somos nubes sin agua y cualquier viento nos arrastra a su antojo, que nos lleva a una mediocridad y a una perdición total. Así que, hay que tener mucho cuidado, creo que hoy es el día en que debemos de dejar atrás la apatía, y la mediocridad, hay que iniciar una excelente lectura, con amor, con entusiasmo, y con mucha paciencia para poder entender, comprender y analizar, hacia donde me lleva la lectura y además hay que ponerlo en práctica con los demás para ser útil ante la sociedad. Bueno pues mano a la obra, hoy es el día, para cambiar mis pensamientos, mis memorias, y hacer lo correcto respecto a la lectura, y hay que mediar, analizar, y comprender hacia donde me lleva la lectura, y hay que ponerlo en práctica lo que estoy leyendo.

Recapitulación.

¿Qué vamos a hacer, con la memorización de hoy día? ¡Hay que hacer algo, pero ya! Los tiempos han cambiado, ya no es igual el estudio de antaño a ahora, la tecnología moderna nos ha desplazado las funciones del tres cerebros, y sobre todo el cerebro humano y el cerebro media- mamífero, porque la tecnología te lo d da todo, y es por ello, que el estudiante ha permito que la tecnología le ayude demasiado a tal grado que su memoria,, mente, conciencia está un poco inactiva, y es por ello que el estudiante , la mayoría ahora memoriza sin entender, comprender y analizar la lectura, y esto es grave, pero . el estudiantado le gusta esa forma, y así sigue, ¡Que tristeza, y que agonía! Pereza cerebral, agonía, lectura, memorizar, comprender, analizar, tecnología, apatía. Cuando memorizamos, no alcanzamos a entender, comprender y mucho menos entender los conceptos, los verbos, las oraciones y toda la lectura y esto nos lleva a una crisis memorizaste, que nos perdemos en la lectura y nos lleva a una mediocridad profunda, que nos lleva a la Sima, y esto es grave. Hoy día muchas escuelas, universidades, en los cuatro vientos, el estudiantado solo memoriza, pero no tienen un conocimiento profundo y por ello, los lleva a una crisis, que los lleva a una mediocridad, por falta de conocimiento y esto es grave porque nos lleva a la Sima (abismo de la mediocridad, como que somos nubes sin agua y cualquier viento nos arrastra a su antojo, que nos lleva a una mediocridad y a una perdición total. Así que, hay que tener mucho cuidado, creo que hoy es el día en que debemos de dejar atrás la apatía, y la mediocridad, hay que iniciar una excelente lectura, con amor, con entusiasmo, y con mucha paciencia para poder entender, comprender y analizar, hacia donde me lleva la lectura y además hay que ponerlo en práctica con los demás para ser útil ante la sociedad. Bueno pues mano a la obra, hoy es el día, para cambiar mis pensamientos, mis memorias, y hacer lo correcto respecto a la lectura, y hay que mediar, analizar, y comprender hacia donde me lleva la lectura, y hay que ponerlo en práctica lo que estoy leyendo, para bien de mí, y de los demás.

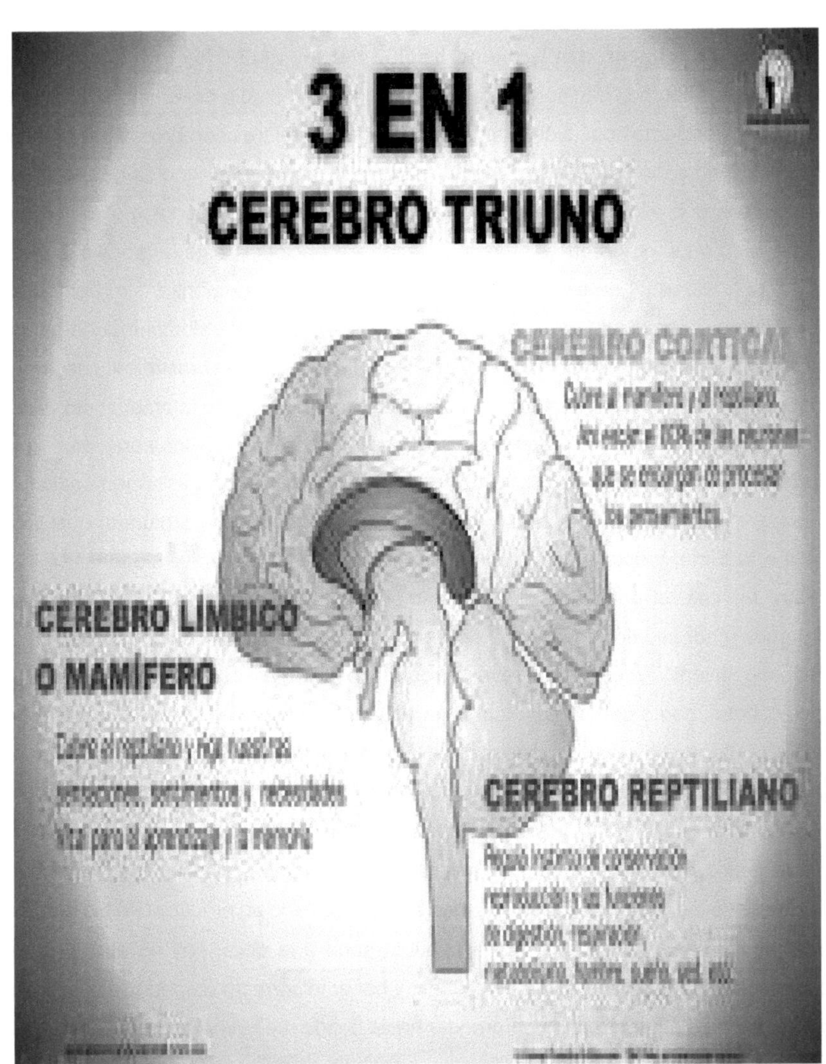
3 EN 1
CEREBRO TRIUNO
CEREBRO CORTICAL
CEREBRO LÍMBICO
O MAMÍFERO
CEREBRO REPTILIANO

¿Qué está pasando hoy día con el estudiante y el profesorado, respecto a la memorización y al entendimiento, respecto a la lectura y en las evaluaciones finales? Creo que unos d ellos motivos , el porque el estudiante memoriza todo lo que a el y a ella les conviene, sobre todo en las evaluaciones parciales y finales, es que les va muy bien ,respecto ala memorización sin importar, el conocimiento, el entendimiento respecto a lo que se esta leyendo en ese momento, y además que la tecnología moderna está avanzando bastante, a tal grado que, a ellos y ellas les conviene, porque les s va muy bien en sus evaluaciones, pero no se pone a pensar, a meditar, qué es muy importante la lectura de cualquier asignatura, para poder comprender ye entender y ponerlo en práctica con ellos mismos, y ser servidores con las demás personas, para tener un dialogo viable, y fructífero y además ayudar a la comunidad. Hoy día muchas escuelas, universidades, en los cuatro vientos, el estudiantado solo memoriza, pero no tienen un conocimiento profundo y por ello, los lleva a una crisis, que los lleva a una mediocridad, por falta de conocimiento y esto es grave porque nos lleva a la Sima (abismo de la mediocridad, como que somos nubes sin agua y cualquier viento nos arrastra a su antojo, que nos lleva a una mediocridad y a una perdición total. Así que, hay que tener mucho cuidado, creo que hoy es el día en que debemos de dejar atrás la apatía, y la mediocridad, hay que iniciar una excelente lectura, con amor, con entusiasmo, y con mucha paciencia para poder entender, comprender y analizar, hacia donde me lleva la lectura y además hay que ponerlo en práctica con los demás para ser útil ante la sociedad. Bueno pues mano a la obra, hoy es el día, para cambiar mis pensamientos, mis memorias, y hacer lo correcto respecto a la lectura, y hay que mediar, analizar, y comprender hacia donde me lleva la lectura, y hay que ponerlo en práctica lo que estoy leyendo, para bien de mí, y de los demás, muy bien creo que vamos por un buen camino, ya se que estamos viviendo tiempos muy difíciles, donde, ya el docente y estudiante están perdiendo la comunicación entre ellos, en su momento, tiempo y espacio, y además, la memorización está de moda, hoy día, y además, ellos y ellas, creen que la memorización les va muy bien,. Y además tiene promedios muy altos al final del semestre del cuatrimestre, pero se les han olvidado, que es más importante la meditación, el leer, y el conocimiento profundo.

¿Qué vamos a hacer, con la memorización de hoy día? ¡Hay que hacer algo, pero ya! Los tiempos han cambiado, ya no es igual el estudio de antaño a ahora, la tecnología moderna nos ha desplazado las funciones del tres cerebros, y sobre todo el cerebro humano y el cerebro media- mamífero, porque la tecnología te lo d da todo, y es por ello, que el estudiante ha permito que la tecnología le ayude demasiado a tal grado que su memoria,, mente, conciencia está un poco inactiva, y es por ello que el estudiante , la mayoría ahora memoriza sin entender, comprender y analizar la lectura, y esto es grave, pero . el estudiantado le gusta esa forma, y así sigue, ¡Que tristeza, y que agonía! Pereza cerebral, agonía, lectura, memorizar, comprender, analizar, tecnología, apatía. Cuando memorizamos, no alcanzamos a entender, comprender y mucho menos entender los conceptos, los verbos, las oraciones y toda la lectura y esto nos lleva a una crisis memorizaste, que nos perdemos en la lectura y nos lleva a una mediocridad profunda, que nos lleva a la Sima, y esto es grave. Hoy día muchas escuelas, universidades, en los cuatro vientos, el estudiantado solo memoriza, pero no tienen un conocimiento profundo y por ello, los lleva a una crisis, que los lleva a una mediocridad, por falta de conocimiento y esto es grave porque nos lleva a la Sima (abismo de la mediocridad, como que somos nubes sin agua y cualquier viento nos arrastra a su antojo, que nos lleva a una mediocridad y a una perdición total. Así que, hay que tener mucho cuidado, creo que hoy es el día en que debemos de dejar atrás la apatía, y la mediocridad, hay que iniciar una excelente lectura, con amor, con entusiasmo, y con mucha paciencia para poder entender, comprender y analizar, hacia donde me lleva la lectura y además hay que ponerlo en práctica con los demás para ser útil ante la sociedad. Bueno pues mano a la obra, hoy es el día, para cambiar mis pensamientos, mis memorias, y hacer lo correcto respecto a la lectura, y hay que mediar, analizar, y comprender hacia donde me lleva la lectura, y hay que ponerlo en práctica lo que estoy leyendo, para bien de mí, y de los demás.

Capitulo dos.

¡Enamórate de la lectura!

(Oseas. capitulo 4 y versículo 6).

Resumen. ¡Enamórate de la lectura!

(Oseas. capítulo 4 y versículo 6). Dice Oseas, Mi pueblo fue destruido, porque le falto conocimiento. Por cuanto desechaste el conocimiento, yo te echare del sacerdocio; y porque olvidaste la ley de tu Dios, también yo me olvidare de tus hijos. (dice en Oseas. 4:6 te echare del sacerdocio) Puesto que había rechazado la instrucción del señor, Israel ya no podía servir como su sacerdote para bendecir a las naciones (Éxodo. Capítulo 19 versículo 6; Santiago, capitulo 3 y versículo 1).

Palabras clave.

Conocimiento, ley, leer, comprender, entender, destruido, Enamórate de la lectura, día y noche, destruido, conocimiento rechazado.

Introducción. ¡Enamórate de la lectura!

(Oseas. capítulo 4 y versículo 6). Dice Oseas, Mi pueblo fue destruido, porque le falto conocimiento. Por cuanto desechaste el conocimiento, yo te echare del sacerdocio; y porque olvidaste la ley de tu Dios, también yo me olvidare de tus hijos. (dice en Oseas. 4:6 te echare del sacerdocio) Puesto que había rechazado la instrucción del señor, Israel ya no podía servir como su sacerdote para bendecir a las naciones (Éxodo. Capítulo 19 versículo 6; Santiago, capitulo 3 y versículo 1). Conocimiento, ley, leer, comprender, entender, destruido, Enamórate de la lectura, día y noche, instruido, conocimiento rechazado. Por lo común, estamos acostumbrados, a buscar lo mas fácil, lo que no, nos quita mucho tiempo, es decir, para hacer las actividades normales, cuesta, y cuesta mucho, para empezar hay que tener amor, animo, coraje, terquedad, y mucha constancia para iniciar a leer bien, con paciencia, con un diccionario en la mano investigar palabra que no entendemos, y esto a muchos estudiantes y docentes no, les gusta, y por ello buscamos el camino más fácil, que es memorizar, pero sin entender sin comprender, y mucho menos ponerlo en práctica conmigo mismo y con los demás. Se necesita tener mucho coraje, perseverancia, terquedad, y sabiduría para poder enamorarse a a la lectura, y estar bien consciente, que, si no leo, estoy perdido, y me voy a estar en un mundo lleno de mediocridad, de confusión, y cualquier persona, que hable conmigo, pues me llevara por las aguas turbulentas, nube sin agua, y cada día estaré más y más confuso, y esto no esta bien, porque seré un perdedor por falta de conocimiento. y por ende estar en la Sima. Es por ello, que debo de enamorarme por la lectura, tener mucho amor, y estar muy relajado, por el buen habito día tras día, noche tras noche hasta que mi mente se programe día a día para que este diario con la lectura y poder reflexionar, de lo que estoy leyendo, y meditar hacia donde me lleva la lectura, hoy día, y así tender cada día mas y mas conocimiento y no estaré perdido, todo lo contrario, estar listo para caminar rumbo a la Cima, como Dios quiere que camine. Y podre estar en lo sobrenatural mas cerca del Creador el Eterno.

Metodología sistemática.

¡Enamórate de la lectura!

(Oseas. capítulo 4 y versículo 6). Dice Oseas, Mi pueblo fue destruido, porque le falto conocimiento. Por cuanto desechaste el conocimiento, yo te echare del sacerdocio; y porque olvidaste la ley de tu Dios, también yo me olvidare de tus hijos. (dice en Oseas. 4:6 te echare del sacerdocio) Puesto que había rechazado la instrucción del señor, Israel ya no podía servir como su sacerdote para bendecir a las naciones (Éxodo. Capítulo 19 versículo 6; Santiago, capitulo 3 y versículo 1). Conocimiento, ley, leer, comprender, entender, destruido, Enamórate de la lectura, día y noche, instruido, conocimiento rechazado. Por lo común, estamos acostumbrados, a buscar lo más fácil, lo que no, nos quita mucho tiempo, es decir, para hacer las actividades normales, cuesta, y cuesta mucho, para empezar hay que tener amor, animo, coraje, terquedad, y mucha constancia para iniciar a leer bien, con paciencia, con un diccionario en la mano investigar palabra que no entendemos, y esto a muchos estudiantes y docentes no, les gusta, y por ello buscamos el camino más fácil, que es memorizar, pero sin entender sin comprender, y mucho menos ponerlo en práctica conmigo mismo y con los demás. Se necesita tener mucho coraje, perseverancia, terquedad, y sabiduría para poder enamorarse a a la lectura, y estar bien consciente, que, si no leo, estoy perdido, y me voy a estar en un mundo lleno de mediocridad, de confusión, y cualquier persona, que hable conmigo, pues me llevara por las aguas turbulentas, nube sin agua, y cada día estaré más y más confuso, y esto no está bien, porque seré un perdedor por falta de conocimiento. y por ende estar en la Sima. Es por ello, que debo de enamorarme por la lectura, tener mucho amor, y estar muy relajado, por el buen habito día tras día, noche tras noche hasta que mi mente se programe día a día para que este diario con la lectura y poder reflexionar, de lo que estoy leyendo, y meditar hacia donde me lleva la lectura, hoy día, y así tender cada día más y más conocimiento y no estaré perdido, todo lo contrario, estar listo para caminar rumbo a la Cima, como Dios quiere que camine.

Discusión. (Oseas. capítulo 4 y versículo 6). Dice Oseas, Mi pueblo fue destruido, porque le falto conocimiento. Por cuanto desechaste el conocimiento, yo te echare del sacerdocio; y porque olvidaste la ley de tu Dios, también yo me olvidare de tus hijos. (dice en Oseas. 4:6 te echare del sacerdocio) Puesto que había rechazado la instrucción del señor, Israel ya no podía servir como su sacerdote para bendecir a las naciones (Éxodo. Capítulo 19 versículo 6; Santiago, capitulo 3 y versículo 1). Conocimiento, ley, leer, comprender, entender, destruido, Enamórate de la lectura, día y noche, instruido, conocimiento rechazado. Por lo común, estamos acostumbrados, a buscar lo más fácil, lo que no, nos quita mucho tiempo, es decir, para hacer las actividades normales, cuesta, y cuesta mucho, para empezar hay que tener amor, animo, coraje, terquedad, y mucha constancia para iniciar a leer bien, con paciencia, con un diccionario en la mano investigar palabra que no entendemos, y esto a muchos estudiantes y docentes no, les gusta, y por ello buscamos el camino más fácil, que es memorizar, pero sin entender sin comprender, y mucho menos ponerlo en práctica conmigo mismo y con los demás. Se necesita tener mucho coraje, perseverancia, terquedad, y sabiduría para poder enamorarse a a la lectura, y estar bien consciente, que, si no leo, estoy perdido, y me voy a estar en un mundo lleno de mediocridad, de confusión, y cualquier persona, que hable conmigo, pues me llevara por las aguas turbulentas, nube sin agua, y cada día estaré más y más confuso, y esto no está bien, porque seré un perdedor por falta de conocimiento. y por ende estar en la Sima. Es por ello, que debo de enamorarme por la lectura, tener mucho amor, y estar muy relajado, por el buen habito día tras día, noche tras noche hasta que mi mente se programe día a día para que este diario con la lectura y poder reflexionar, de lo que estoy leyendo, y meditar hacia donde me lleva la lectura, hoy día, y así tendré cada día más y más conocimiento y no estaré perdido, todo lo contrario, estar listo para caminar rumbo ala Cima, como Dios quiere que camine. Y podre estar en lo sobrenatural más cerca del Creador el Eterno.

Imagen.

Cuadro mental.

¡Enamórate de la lectura!

(Oseas. capítulo 4 y versículo 6). Dice Oseas, Mi pueblo fue destruido, porque le falto conocimiento. Por cuanto desechaste el conocimiento, yo te echare del sacerdocio; y porque olvidaste la ley de tu Dios, también yo me olvidare de tus hijos. (dice en Oseas. 4:6 te echare del sacerdocio) Puesto que había rechazado la instrucción del señor, Israel ya no podía servir como su sacerdote para bendecir a las naciones (Éxodo. Capítulo 19 versículo 6; Santiago, capitulo 3 y versículo 1). Conocimiento, ley, leer, comprender, entender, destruido, Enamórate de la lectura, día y noche, instruido, conocimiento rechazado. Por lo común, estamos acostumbrados, a buscar lo más fácil, lo que no, nos quita mucho tiempo, es decir, para hacer las actividades normales, cuesta, y cuesta mucho, para empezar hay que tener amor, animo, coraje, terquedad, y mucha constancia para iniciar a leer bien, con paciencia, con un diccionario en la mano investigar palabra que no entendemos, y esto a muchos estudiantes y docentes no, les gusta, y por ello buscamos el camino más fácil, que es memorizar, pero sin entender sin comprender, y mucho menos ponerlo en práctica conmigo mismo y con los demás. Se necesita tener mucho coraje, perseverancia, terquedad, y sabiduría para poder enamorarse a a la lectura, y estar bien consciente, que, si no leo, estoy perdido, y me voy a estar en un mundo lleno de mediocridad, de confusión, y cualquier persona, que hable conmigo, pues me llevara por las aguas turbulentas, nube sin agua, y cada día estaré más y más confuso, y esto no está bien, porque seré un perdedor por falta de conocimiento. y por ende estar en la Sima. Es por ello, que debo de enamorarme por la lectura, tener mucho amor, y estar muy relajado, por el buen habito día tras día, noche tras noche hasta que mi mente se programe día a día para que este diario con la lectura y poder reflexionar, de lo que estoy leyendo, y meditar hacia donde me lleva la lectura, hoy día.

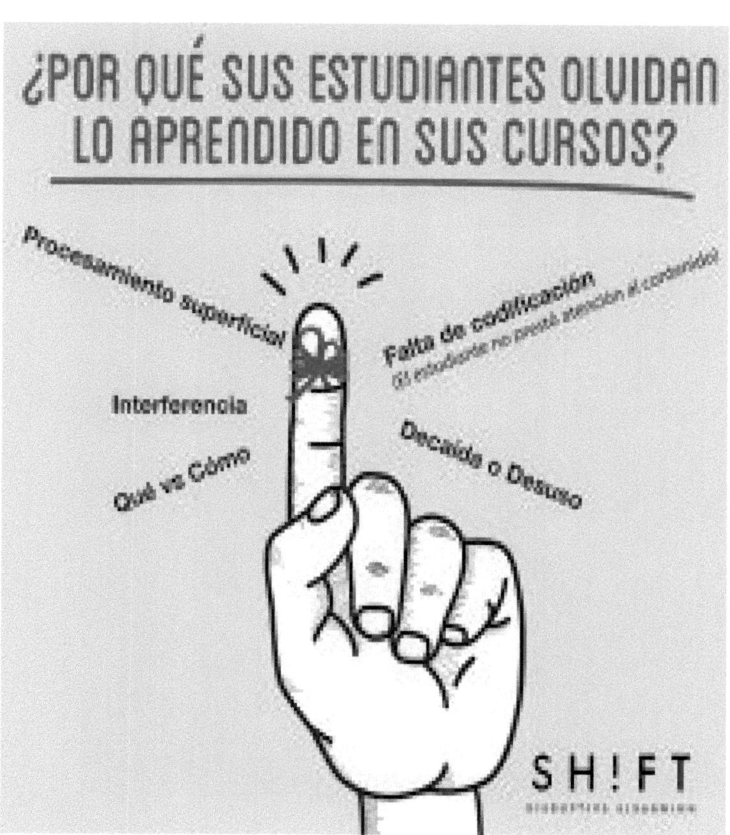
¿POR QUÉ SUS ESTUDIANTES OLVIDAN
LO APRENDIDO EN SUS CURSOS?
Procesamiento superficial
Falta de codificación
Interferencia
Qué vs Cómo
Decaída o Desuso
SH!FT

Conoce tu cerebro para
APRENDER A APRENDER
Héctor Ruiz Martín
istf
Guía para jóvenes estudiantes

MUNDO

Recapitulación.

¡Enamórate de la lectura!

(Oseas. capítulo 4 y versículo 6). Dice Oseas, Mi pueblo fue destruido, porque le falto conocimiento. Por cuanto desechaste el conocimiento, yo te echare del sacerdocio; y porque olvidaste la ley de tu Dios, también yo me olvidare de tus hijos. (dice en Oseas. 4:6 te echare del sacerdocio) Puesto que había rechazado la instrucción del señor, Israel ya no podía servir como su sacerdote para bendecir a las naciones (Éxodo. Capítulo 19 versículo 6; Santiago, capitulo 3 y versículo 1). Conocimiento, ley, leer, comprender, entender, destruido, Enamórate de la lectura, día y noche, instruido, conocimiento rechazado. Por lo común, estamos acostumbrados, a buscar lo más fácil, lo que no, nos quita mucho tiempo, es decir, para hacer las actividades normales, cuesta, y cuesta mucho, para empezar hay que tener amor, animo, coraje, terquedad, y mucha constancia para iniciar a leer bien, con paciencia, con un diccionario en la mano investigar palabra que no entendemos, y esto a muchos estudiantes y docentes no, les gusta, y por ello buscamos el camino más fácil, que es memorizar, pero sin entender sin comprender, y mucho menos ponerlo en práctica conmigo mismo y con los demás. Se necesita tener mucho coraje, perseverancia, terquedad, y sabiduría para poder enamorarse a a la lectura, y estar bien consciente, que, si no leo, estoy perdido, y me voy a estar en un mundo lleno de mediocridad, de confusión, y cualquier persona, que hable conmigo, pues me llevara por las aguas turbulentas, nube sin agua, y cada día estaré más y más confuso, y esto no está bien, porque seré un perdedor por falta de conocimiento. y por ende estar en la Sima. Es por ello, que debo de enamorarme por la lectura, tener mucho amor, y estar muy relajado, por el buen habito día tras día, noche tras noche hasta que mi mente se programe día a día para que este diario con la lectura y poder reflexionar, de lo que estoy leyendo, y meditar hacia donde me lleva la lectura, hoy día, y así tender cada día más y más conocimiento y no estaré perdido, todo lo contrario, estar listo para caminar rumbo a la Cima.

Capitulo tres.

Es muy importante aprender a leer correctamente.

Resumen. Para iniciar un proceso, un ensayo a leer, primero hay que tener un diccionario, para que, las palabras que no entiendo, debo de investigar en el diccionario y buscar la palabra que no entiendo, su significado, y así meditar de lo que estoy leyendo, primeramente .hay que entender que necesitamos mucha paciencia , mucho amor, para poder aprender a leer, correctamente, ya después que hemos aprendido, entonces la lectura será muy amena, que hasta nos enamoramos de la lectura, pero se necesita mucho coraje, mucha terquedad, mucha fuerza de voluntad. Y hoy día, los estudiantes se desesperan en la lectura, y lo que hace, menor investigar todos por el celular-Internet, y ya no quieren leer en un libro, se ha perdido la voluntad de leer, en los libros, ¡que tristeza, y que lástima! Pero así es, solo existe un remanente en los cuatro vientos, que siguen, leyendo en los libros, hasta inclusive leen Las Sagradas Escrituras (llamada la Biblia).

Palabras clave.

Leer, voluntad, desesperación, aburrido, constancia, coraje, amor, remanente, estudiantes, maestros (as).

Introducción.

Para iniciar un proceso, un ensayo a leer, primero hay que tener un diccionario, para que, las palabras que no entiendo, debo de investigar en el diccionario y buscar la palabra que no entiendo, su significado, y así meditar de lo que estoy leyendo, primeramente .hay que entender que necesitamos mucha paciencia , mucho amor, para poder aprender a leer, correctamente, ya después que hemos aprendido, entonces la lectura será muy amena, que hasta nos enamoramos de la lectura, pero se necesita mucho coraje, mucha terquedad, mucha fuerza de voluntad. Y hoy día, los estudiantes se desesperan en la lectura, y lo que hace, menor investigar todos por el celular-Internet, y ya no quieren leer en un libro, se ha perdido la voluntad de leer, en los libros, ¡que tristeza, y que lástima! Pero así es, solo existe un remanente en los cuatro vientos, que siguen, leyendo en los libros, hasta inclusive leen Las Sagradas Escrituras (llamada la Biblia). Leer, voluntad, desesperación, aburrido, constancia, coraje, amor, remanente, estudiantes, maestros (as).es muy lamentable, llegar a este grado de una apatía generalizada, apatía t somática como cerebral, a sabiendas que cada ser humano hemos nacidos con todas las herramientas didáctica, pedagógicas, psico didáctica, claro que ahí están en el cerebro humano, lo único que hay que hacer es estimularlas, a través de la constancia, de la disciplina, del coraje, de terquedad, de la sabiduría e inteligencia y tener un amor limpio para poder reactivar lo que ha estado dormido, y aquí esta el gran problema, porque se necesita trabajo, disciplina, constancia, día tras día, noche tras noche, sin dejar de hacerlo, y es aquí donde muchos estudiantes, maestros de los cuatro vientos, no queremos, todo lo queremos fácil, y lo que cuesta, es muy valioso , hermoso, y así debemos de caminar rectos con una verdadera ética, y así podremos llegar a la Cima, solo así, con la ayuda del Creador , e Eterno solo un remante lo va a lograr. ¡Tu qué piensas de esto! ¿Se podrá, hacerlo, pues mano a la obra, hoy iniciamos este gran proceso?

Metodología sistemática.

Para iniciar un proceso, un ensayo a leer, primero hay que tener un diccionario, para que, las palabras que no entiendo, debo de investigar en el diccionario y buscar la palabra que no entiendo, su significado, y así meditar de lo que estoy leyendo, primeramente .hay que entender que necesitamos mucha paciencia , mucho amor, para poder aprender a leer, correctamente, ya después que hemos aprendido, entonces la lectura será muy amena, que hasta nos enamoramos de la lectura, pero se necesita mucho coraje, mucha terquedad, mucha fuerza de voluntad. Y hoy día, los estudiantes se desesperan en la lectura, y lo que hace, menor investigar todos por el celular-Internet, y ya no quieren leer en un libro, se ha perdido la voluntad de leer, en los libros, ¡que tristeza, y que lástima! Pero así es, solo existe un remanente en los cuatro vientos, que siguen, leyendo en los libros, hasta inclusive leen Las Sagradas Escrituras (llamada la Biblia). Leer, voluntad, desesperación, aburrido, constancia, coraje, amor, remanente, estudiantes, maestros (as).es muy lamentable, llegar a este grado de una apatía generalizada, apatía t somática como cerebral, a sabiendas que cada ser humano hemos nacidos con todas las herramientas didáctica, pedagógicas, psico didáctica, claro que ahí están en el cerebro humano, lo único que hay que hacer es estimularlas, a través de la constancia, de la disciplina, del coraje, de terquedad, de la sabiduría e inteligencia y tener un amor limpio para poder reactivar lo que ha estado dormido, y aquí está el gran problema, porque se necesita trabajo, disciplina, constancia, día tras día, noche tras noche, sin dejar de hacerlo, y es aquí donde muchos estudiantes, maestros de los cuatro vientos, no queremos, todo lo queremos fácil, y lo que cuesta, es muy valioso , hermoso, y así debemos de caminar rectos con una verdadera ética, y así podremos llegar a la Cima, solo así, con la ayuda del Creador , el Eterno solo un remante lo va a lograr. ¡Tú qué piensas de esto! **¿Se podrá, hacerlo, pues mano a la obra, hoy iniciamos este gran proceso?**

Discusión. Para iniciar un proceso, un ensayo a leer, primero hay que tener un diccionario, para que, las palabras que no entiendo, debo de investigar en el diccionario y buscar la palabra que no entiendo, su significado, y así meditar de lo que estoy leyendo, primeramente .hay que entender que necesitamos mucha paciencia , mucho amor, para poder aprender a leer, correctamente, ya después que hemos aprendido, entonces la lectura será muy amena, que hasta nos enamoramos de la lectura, pero se necesita mucho coraje, mucha terquedad, mucha fuerza de voluntad. Y hoy día, los estudiantes se desesperan en la lectura, y lo que hace, menor investigar todos por el celular-Internet, y ya no quieren leer en un libro, se ha perdido la voluntad de leer, en los libros, ¡que tristeza, y que lástima! Pero así es, solo existe un remanente en los cuatro vientos, que siguen, leyendo en los libros, hasta inclusive leen Las Sagradas Escrituras (llamada la Biblia). Leer, voluntad, desesperación, aburrido, constancia, coraje, amor, remanente, estudiantes, maestros (as).es muy lamentable, llegar a este grado de una apatía generalizada, apatía t somática como cerebral, a sabiendas que cada ser humano hemos nacidos con todas las herramientas didáctica, pedagógicas, psico didáctica, claro que ahí están en el cerebro humano, lo único que hay que hacer es estimularlas, a través de la constancia, de la disciplina, del coraje, de terquedad, de la sabiduría e inteligencia y tener un amor limpio para poder reactivar lo que ha estado dormido, y aquí está el gran problema, porque se necesita trabajo, disciplina, constancia, día tras día, noche tras noche, sin dejar de hacerlo, y es aquí donde muchos estudiantes, maestros de los cuatro vientos, no queremos, todo lo queremos fácil, y lo que cuesta, es muy valioso , hermoso, y así debemos de caminar rectos con una verdadera ética, y así podremos llegar a la Cima, solo así, con la ayuda del Creador , el Eterno solo un remante lo va a lograr. ¡Tú qué piensas de esto! **¿Se podrá, hacerlo, pues mano a la obra, hoy iniciamos este gran proceso?**

Imagen.

ROMANOS 12:2
NO OS CONFORMÉIS A ESTE SIGLO,
SINO TRANSFORMAOS
POR MEDIO DE LA RENOVACIÓN DE
VUESTRO ENTENDIMIENTO,
PARA QUE COMPROBÉIS CUÁL SEA
LA BUENA VOLUNTAD DE DIOS,
AGRADABLE Y PERFECTA.

Cuadro mental.

Para iniciar un proceso, un ensayo a leer, primero hay que tener un diccionario, para que, las palabras que no entiendo, debo de investigar en el diccionario y buscar la palabra que no entiendo, su significado, y así meditar de lo que estoy leyendo, primeramente .hay que entender que necesitamos mucha paciencia , mucho amor, para poder aprender a leer, correctamente, ya después que hemos aprendido, entonces la lectura será muy amena, que hasta nos enamoramos de la lectura, pero se necesita mucho coraje, mucha terquedad, mucha fuerza de voluntad. Y hoy día, los estudiantes se desesperan en la lectura, y lo que hace, menor investigar todos por el celular-Internet, y ya no quieren leer en un libro, se ha perdido la voluntad de leer, en los libros, ¡que tristeza, y que lástima! Pero así es, solo existe un remanente en los cuatro vientos, que siguen, leyendo en los libros, hasta inclusive leen Las Sagradas Escrituras (llamada la Biblia). Leer, voluntad, desesperación, aburrido, constancia, coraje, amor, remanente, estudiantes, maestros (as).es muy lamentable, llegar a este grado de una apatía generalizada, apatía t somática como cerebral, a sabiendas que cada ser humano hemos nacidos con todas las herramientas didáctica, pedagógicas, psico didáctica, claro que ahí están en el cerebro humano, lo único que hay que hacer es estimularlas, a través de la constancia, de la disciplina, del coraje, de terquedad, de la sabiduría e inteligencia y tener un amor limpio para poder reactivar lo que ha estado dormido, y aquí está el gran problema, porque se necesita trabajo, disciplina, constancia, día tras día, noche tras noche, sin dejar de hacerlo, y es aquí donde muchos estudiantes, maestros de los cuatro vientos, no queremos, todo lo queremos fácil, y lo que cuesta, es muy valioso , hermoso, y así debemos de caminar rectos con una verdadera ética, y así podremos llegar a la Cima, solo así, con la ayuda del Creador , el Eterno solo un remante lo va a lograr. ¡Tú qué piensas de esto!

Recapitulación.

Para iniciar un proceso, un ensayo a leer, primero hay que tener un diccionario, para que, las palabras que no entiendo, debo de investigar en el diccionario y buscar la palabra que no entiendo, su significado, y así meditar de lo que estoy leyendo, primeramente .hay que entender que necesitamos mucha paciencia , mucho amor, para poder aprender a leer, correctamente, ya después que hemos aprendido, entonces la lectura será muy amena, que hasta nos enamoramos de la lectura, pero se necesita mucho coraje, mucha terquedad, mucha fuerza de voluntad. Y hoy día, los estudiantes se desesperan en la lectura, y lo que hace, menor investigar todos por el celular-Internet, y ya no quieren leer en un libro, se ha perdido la voluntad de leer, en los libros, ¡que tristeza, y que lástima! Pero así es, solo existe un remanente en los cuatro vientos, que siguen, leyendo en los libros, hasta inclusive leen Las Sagradas Escrituras (llamada la Biblia). Leer, voluntad, desesperación, aburrido, constancia, coraje, amor, remanente, estudiantes, maestros (as).es muy lamentable, llegar a este grado de una apatía generalizada, apatía t somática como cerebral, a sabiendas que cada ser humano hemos nacidos con todas las herramientas didáctica, pedagógicas, psico didáctica, claro que ahí están en el cerebro humano, lo único que hay que hacer es estimularlas, a través de la constancia, de la disciplina, del coraje, de terquedad, de la sabiduría e inteligencia y tener un amor limpio para poder reactivar lo que ha estado dormido, y aquí está el gran problema, porque se necesita trabajo, disciplina, constancia, día tras día, noche tras noche, sin dejar de hacerlo, y es aquí donde muchos estudiantes, maestros de los cuatro vientos, no queremos, todo lo queremos fácil, y lo que cuesta, es muy valioso , hermoso, y así debemos de caminar rectos con una verdadera ética, y así podremos llegar a la Cima, solo así, con la ayuda del Creador , el Eterno solo un remante lo va a lograr. ¡Tú qué piensas de esto! **¿Se podrá, hacerlo, pues mano a la obra? ¡hoy iniciamos este gran proceso!**

Nunca dejes que tu animo afecte tus modales.

Sabias palabras, es verdad, porque tu estado de ánimo afecta a tus modales, entonces, será presa fácil al fracaso, y por ende estarás en un estado de mediocridad y llegaras solo a un abismo llamado: Sima.

La Palabra de Dios es
Viva y Eficaz
y más cortante que toda espada
de dos filos, penetra hasta partir el
alma, y el espíritu
las coyunturas
y los tuétanos
Hebreos 4:12
Mensajes reconfortantes.

Resumiendo, de este hermoso capítulo. Para iniciar un proceso, un ensayo a leer, primero hay que tener un diccionario, para que, las palabras que no entiendo, debo de investigar en el diccionario y buscar la palabra que no entiendo, su significado, y así meditar de lo que estoy leyendo, primeramente .hay que entender que necesitamos mucha paciencia , mucho amor, para poder aprender a leer, correctamente, ya después que hemos aprendido, entonces la lectura será muy amena, que hasta nos enamoramos de la lectura, pero se necesita mucho coraje, mucha terquedad, mucha fuerza de voluntad. Y hoy día, los estudiantes se desesperan en la lectura, y lo que hace, menor investigar todos por el celular-Internet, y ya no quieren leer en un libro, se ha perdido la voluntad de leer, en los libros, ¡que tristeza, y que lástima! Pero así es, solo existe un remanente en los cuatro vientos, que siguen, leyendo en los libros, hasta inclusive leen Las Sagradas Escrituras (llamada la Biblia). Leer, voluntad, desesperación, aburrido, constancia, coraje, amor, remanente, estudiantes, maestros (as).es muy lamentable, llegar a este grado de una apatía generalizada, apatía t somática como cerebral, a sabiendas que cada ser humano hemos nacidos con todas las herramientas didáctica, pedagógicas, psico didáctica, claro que ahí están en el cerebro humano, lo único que hay que hacer es estimularlas, a través de la constancia, de la disciplina, del coraje, de terquedad, de la sabiduría e inteligencia y tener un amor limpio para poder reactivar lo que ha estado dormido, y aquí está el gran problema, porque se necesita trabajo, disciplina, constancia, día tras día, noche tras noche, sin dejar de hacerlo, y es aquí donde muchos estudiantes, maestros de los cuatro vientos, no queremos, todo lo queremos fácil, y lo que cuesta, es muy valioso , hermoso, y así debemos de caminar rectos con una verdadera ética, y así podremos llegar a la Cima, solo así, con la ayuda del Creador , el Eterno solo un remante lo va a lograr. ¡Tú qué piensas de esto! **¿Se podrá, hacerlo, pues mano a la obra? ¡hoy iniciamos este gran proceso! ¡Hoy es el día de iniciar este paso tan importante para ti, para mí, para todo aquel o aquella que quiera hacerlo!**

Capítulo cuatro.

Por falta de conocimiento el estudiante se pierde y llega a una mediocridad.

Resumen.

Por falta de conocimiento el estudiante se pierde y llega a una mediocridad. Hay que recordar que cada ser humano, somos imagen y semejanza del Creador que es el Omnisciente y por ende cada ser humano tenemos una Masa Encefálica, y en ella se encuentra los tres cerebros que son: cerebro humano y en ella se habitan: el amor, la sabiduría, la inteligencia, la consejería, el poder, el conocimiento y reverencia del Creador, y en el cerebro humano que en ella están tres elementos que son; la semilla de la iniquidad (que es la semilla del mal) y están la soberbia , la iniquidad, la malicia , el ego, el egocentrismo, y todas las maldades que habitan en esta tierra, y el tercer cerebro es el cerebro instintivo (que en el está el instintivo de matar)

Palabras clave. Amor, fe, benignidad, misericordia, sabiduría, inteligencia, poder, consejería, conocimiento, y reverencia a Dios. Desamor, ego, egocentrismo, hormonas, sexual, envidia, la soberbia, el chisme, la maldad por doquier.

Introducción.

Por falta de conocimiento el estudiante se pierde y llega a una mediocridad. Hay que recordar que cada ser humano, somos imagen y semejanza del Creador que es el Omnisciente y por ende cada ser humano tenemos una Masa Encefálica, y en ella se encuentra los tres cerebros que son: cerebro humano y en ella se habitan: el amor, la sabiduría, la inteligencia, la consejería, el poder, el conocimiento y reverencia del Creador, y en el cerebro humano que en ella están tres elementos que son; la semilla de la iniquidad (que es la semilla del mal) y están la soberbia , la iniquidad, la malicia , el ego, el egocentrismo, y todas las maldades que habitan en esta tierra, y el tercer cerebro es el cerebro instintivo (que en él está el instintivo de matar) Amor, fe, benignidad, misericordia, sabiduría, inteligencia, poder, consejería, conocimiento, y reverencia a Dios. Desamor, ego, egocentrismo, hormonas, sexual, envidia, la soberbia, el chisme, la maldad por doquier. Hoy día la mayoría del estudiantado solo memoriza la lectura, pero no la ha comprendido, mucho menos la analiza, la discierne, y por ende pues, no la aplican en su vida diaria, y mucho menos la pone en práctica con los demás, es muy lamentable, peor esto esta sucediendo hoy día en los cuatro vientos, es decir en todas las escuelas, de los diferentes niveles de enseñanza, ¡que triste! ¡que lamentable! Pero así es. Y lo más triste es que el estudiante le gusta esa forma de vida, sin saber las consecuencias que tendrá cuando sea profesional, al final de su carrera. Vale más. Que hoy pare el estudiante, el maestro, y ponernos a reflexionar, a dialogar, y a ponerse bien listo y valiente, y decir ¡basta ya ¡hoy quiero empezar uno nuevo día, voy a cambiar mis hábitos, para bien de mí, y de los demás. Creo que vamos por un buen camino el día de hoy, solo falta que tú, te decidas, hoy es el día, mañana, no sabemos si vamos a despertar, no lo sabemos. Pero hoy estamos despiertos.

Metodología sistemática.

Por falta de conocimiento el estudiante se pierde y llega a una mediocridad. Hay que recordar que cada ser humano, somos imagen y semejanza del Creador que es el Omnisciente y por ende cada ser humano tenemos una Masa Encefálica, y en ella se encuentra los tres cerebros que son: cerebro humano y en ella se habitan: el amor, la sabiduría, la inteligencia, la consejería, el poder, el conocimiento y reverencia del Creador, y en el cerebro humano que en ella están tres elementos que son; la semilla de la iniquidad (que es la semilla del mal) y están la soberbia , la iniquidad, la malicia , el ego, el egocentrismo, y todas las maldades que habitan en esta tierra, y el tercer cerebro es el cerebro instintivo (que en él está el instintivo de matar) Amor, fe, benignidad, misericordia, sabiduría, inteligencia, poder, consejería, conocimiento, y reverencia a Dios. Desamor, ego, egocentrismo, hormonas, sexual, envidia, la soberbia, el chisme, la maldad por doquier. Hoy día la mayoría del estudiantado solo memoriza la lectura, pero no la ha comprendido, mucho menos la analiza, la discierne, y por ende pues, no la aplican en su vida diaria, y mucho menos la pone en práctica con los demás, es muy lamentable, peor esto está sucediendo hoy día en los cuatro vientos, es decir en todas las escuelas, de los diferentes niveles de enseñanza, ¡qué triste! ¡que lamentable! Pero así es. Y lo más triste es que el estudiante le gusta esa forma de vida, sin saber las consecuencias que tendrá cuando sea profesional, al final de su carrera. Vale más. Que hoy pare el estudiante, el maestro, y ponernos a reflexionar, a dialogar, y a ponerse bien listo y valiente, y decir ¡basta ya ¡hoy quiero empezar uno nuevo día, voy a cambiar mis hábitos, para bien de mí, y de los demás. Creo que vamos por un buen camino el día de hoy, solo falta que ¡tú, te decides!, hoy es el día, mañana, no sabemos si vamos a despertar, no lo sabemos. Pero hoy estamos despiertos.

Creo que este es el día, donde todos y cada uno de nosotros, debemos de cambiar de rumbo, en nuestro diario vivir, para una mejora de nuestra conciencia.

Discusión. Por falta de conocimiento el estudiante se pierde y llega a una mediocridad. Hay que recordar que cada ser humano, somos imagen y semejanza del Creador que es el Omnisciente y por ende cada ser humano tenemos una Masa Encefálica, y en ella se encuentra los tres cerebros que son: cerebro humano y en ella se habitan: el amor, la sabiduría, la inteligencia, la consejería, el poder, el conocimiento y reverencia del Creador, y en el cerebro humano que en ella están tres elementos que son; la semilla de la iniquidad (que es la semilla del mal) y están la soberbia , la iniquidad, la malicia , el ego, el egocentrismo, y todas las maldades que habitan en esta tierra, y el tercer cerebro es el cerebro instintivo (que en él está el instintivo de matar) Amor, fe, benignidad, misericordia, sabiduría, inteligencia, poder, consejería, conocimiento, y reverencia a Dios. Desamor, ego, egocentrismo, hormonas, sexual, envidia, la soberbia, el chisme, la maldad por doquier. Hoy día la mayoría del estudiantado solo memoriza la lectura, pero no la ha comprendido, mucho menos la analiza, la discierne, y por ende pues, no la aplican en su vida diaria, y mucho menos la pone en práctica con los demás, es muy lamentable, peor esto está sucediendo hoy día en los cuatro vientos, es decir en todas las escuelas, de los diferentes niveles de enseñanza, ¡qué triste! ¡que lamentable! Pero así es. Y lo más triste es que el estudiante le gusta esa forma de vida, sin saber las consecuencias que tendrá cuando sea profesional, al final de su carrera. Vale más. Que hoy pare el estudiante, el maestro, y ponernos a reflexionar, a dialogar, y a ponerse bien listo y valiente, y decir ¡basta ya ¡hoy quiero empezar uno nuevo día, voy a cambiar mis hábitos, para bien de mí, y de los demás. Creo que vamos por un buen camino el día de hoy, solo falta que ¡tú, te decides!, hoy es el día, mañana, no sabemos si vamos a despertar, no lo sabemos. Pero hoy estamos despiertos. Debemos de cambiar de rumbo, en nuestro diario caminar, y reflexionar, día tras día, noche tras noche, y debo de preguntarme ¿Qué estoy haciendo?, ¡debo de cambiar mi rumbo, es tiempos de hacerlo, pero ya!

Imagen.

Cuadro mental.

Por falta de conocimiento el estudiante se pierde y llega a una mediocridad. Hay que recordar que cada ser humano, somos imagen y semejanza del Creador que es el Omnisciente y por ende cada ser humano tenemos una Masa Encefálica, y en ella se encuentra los tres cerebros que son: cerebro humano y en ella se habitan: el amor, la sabiduría, la inteligencia, la consejería, el poder, el conocimiento y reverencia del Creador, y en el cerebro humano que en ella están tres elementos que son; la semilla de la iniquidad (que es la semilla del mal) y están la soberbia , la iniquidad, la malicia , el ego, el egocentrismo, y todas las maldades que habitan en esta tierra, y el tercer cerebro es el cerebro instintivo (que en él está el instintivo de matar) Amor, fe, benignidad, misericordia, sabiduría, inteligencia, poder, consejería, conocimiento, y reverencia a Dios. Desamor, ego, egocentrismo, hormonas, sexual, envidia, la soberbia, el chisme, la maldad por doquier. Hoy día la mayoría del estudiantado solo memoriza la lectura, pero no la ha comprendido, mucho menos la analiza, la discierne, y por ende pues, no la aplican en su vida diaria, y mucho menos la pone en práctica con los demás, es muy lamentable, peor esto está sucediendo hoy día en los cuatro vientos, es decir en todas las escuelas, de los diferentes niveles de enseñanza, ¡qué triste! ¡que lamentable! Pero así es. Y lo más triste es que el estudiante le gusta esa forma de vida, sin saber las consecuencias que tendrá cuando sea profesional, al final de su carrera. Vale más. Que hoy pare el estudiante, el maestro, y ponernos a reflexionar, a dialogar, y a ponerse bien listo y valiente, y decir ¡basta ya ¡hoy quiero empezar uno nuevo día, voy a cambiar mis hábitos, para bien de mí, y de los demás. Creo que vamos por un buen camino el día de hoy, solo falta que ¡tú, te decides!, hoy es el día, mañana, no sabemos si vamos a despertar, no lo sabemos. Pero hoy estamos despiertos.

Recapitulación.

Por falta de conocimiento el estudiante se pierde y llega a una mediocridad. Hay que recordar que cada ser humano, somos imagen y semejanza del Creador que es el Omnisciente y por ende cada ser humano tenemos una Masa Encefálica, y en ella se encuentra los tres cerebros que son: cerebro humano y en ella se habitan: el amor, la sabiduría, la inteligencia, la consejería, el poder, el conocimiento y reverencia del Creador, y en el cerebro humano que en ella están tres elementos que son; la semilla de la iniquidad (que es la semilla del mal) y están la soberbia , la iniquidad, la malicia , el ego, el egocentrismo, y todas las maldades que habitan en esta tierra, y el tercer cerebro es el cerebro instintivo (que en él está el instintivo de matar) Amor, fe, benignidad, misericordia, sabiduría, inteligencia, poder, consejería, conocimiento, y reverencia a Dios. Desamor, ego, egocentrismo, hormonas, sexual, envidia, la soberbia, el chisme, la maldad por doquier. Hoy día la mayoría del estudiantado solo memoriza la lectura, pero no la ha comprendido, mucho menos la analiza, la discierne, y por ende pues, no la aplican en su vida diaria, y mucho menos la pone en práctica con los demás, es muy lamentable, peor esto está sucediendo hoy día en los cuatro vientos, es decir en todas las escuelas, de los diferentes niveles de enseñanza, ¡qué triste! ¡que lamentable! Pero así es. Y lo más triste es que el estudiante le gusta esa forma de vida, sin saber las consecuencias que tendrá cuando sea profesional, al final de su carrera. Vale más. Que hoy pare el estudiante, el maestro, y ponernos a reflexionar, a dialogar, y a ponerse bien listo y valiente, y decir ¡basta ya ¡hoy quiero empezar uno nuevo día, voy a cambiar mis hábitos, para bien de mí, y de los demás. Creo que vamos por un buen camino el día de hoy, solo falta que ¡tú, te decides!, hoy es el día, mañana, no sabemos si vamos a despertar, no lo sabemos. Pero hoy estamos despiertos.

Resumiendo.

Por falta de conocimiento el estudiante se pierde y llega a una mediocridad. Hay que recordar que cada ser humano, somos imagen y semejanza del Creador que es el Omnisciente y por ende cada ser humano tenemos una Masa Encefálica, y en ella se encuentra los tres cerebros que son: cerebro humano y en ella se habitan: el amor, la sabiduría, la inteligencia, la consejería, el poder, el conocimiento y reverencia del Creador, y en el cerebro humano que en ella están tres elementos que son; la semilla de la iniquidad (que es la semilla del mal) y están la soberbia , la iniquidad, la malicia , el ego, el egocentrismo, y todas las maldades que habitan en esta tierra, y el tercer cerebro es el cerebro instintivo (que en él está el instintivo de matar) Amor, fe, benignidad, misericordia, sabiduría, inteligencia, poder, consejería, conocimiento, y reverencia a Dios. Desamor, ego, egocentrismo, hormonas, sexual, envidia, la soberbia, el chisme, la maldad por doquier. Hoy día la mayoría del estudiantado solo memoriza la lectura, pero no la ha comprendido, mucho menos la analiza, la discierne, y por ende pues, no la aplican en su vida diaria, y mucho menos la pone en práctica con los demás, es muy lamentable, peor esto está sucediendo hoy día en los cuatro vientos, es decir en todas las escuelas, de los diferentes niveles de enseñanza, ¡qué triste! ¡que lamentable! Pero así es. Y lo más triste es que el estudiante le gusta esa forma de vida, sin saber las consecuencias que tendrá cuando sea profesional, al final de su carrera. Vale más. Que hoy pare el estudiante, el maestro, y ponernos a reflexionar, a dialogar, y a ponerse bien listo y valiente, y decir ¡basta ya ¡hoy quiero empezar uno nuevo día, voy a cambiar mis hábitos, para bien de mí, y de los demás. Creo que vamos por un buen camino el día de hoy, solo falta que ¡tú, te decides!, hoy es el día, mañana, no sabemos si vamos a despertar, no lo sabemos. Pero hoy estamos despiertos. Debemos de cambiar de rumbo, en nuestro diario caminar, y reflexionar, día tras día, noche tras noche, y debo de preguntarme ¿Qué estoy haciendo?, ¡debo de cambiar mi rumbo, es tiempos de hacerlo, pero ya!

LAS MUJERES SE ENAMORAN DE
LO QUE ESCUCHAN Y LOS
HOMBRES DE LO QUE VEN
POR ESO LAS
MUJERES SE MAQUILLAN
Y LOS HOMBRES MIENTEN

Capitulo cinco.

Hay que aprender a leer, a elaborar mapas mentales y cognitivos.

Resumen.

Hay que aprender a leer, a elaborar mapas mentales y cognitivos. Para ello, cada estudiante, deberá primeramente parar por unos minutos y reflexionar, meditar, y analizar que ha hecho con su vida estudiantil, primeramente decir, ¿que estoy haciendo como estudiante?, ¡necesito aprender aprendiendo a leer, correctamente, con pasión, con ánimo con coraje, con perseverancia , y terquedad!, para poder entender, lo que he leído, y ¡hacia donde me lleva esta lectura, y sobre todo, que he aprendido, de esta lectura!, para mí ,primeramente y luego para ponerlo en practica con mis colegas, para el significado y luego analizar los conceptos y sus significados, y así, poder elaborar mapas mentales y cognitivos, y así iniciare el proceso de un pensamiento complejo y simple, y además lo podre en práctica para mí y los demás. (Edgar Morin).

Palabras clave. Pensamiento complejo, simple, elaborar, lectura, procesos, terquedad, amor, perseverancia, constancia, día a día, noche tras noche.

Introducción.

Hay que aprender a leer, a elaborar mapas mentales y cognitivos. Para ello, cada estudiante, deberá primeramente parar por unos minutos y reflexionar, meditar, y analizar que ha hecho con su vida estudiantil, primeramente decir, ¿que estoy haciendo como estudiante?, ¡necesito aprender- aprendiendo a leer, correctamente, con pasión, con ánimo con coraje, con perseverancia , y terquedad!, para poder entender, lo que he leído, y ¡hacia donde me lleva esta lectura, y sobre todo, que he aprendido, de esta lectura!, para mí ,primeramente y luego para ponerlo en práctica con mis colegas, para el significado y luego analizar los conceptos y sus significados, y así, poder elaborar mapas mentales y cognitivos, y así iniciare el proceso de un pensamiento complejo y simple, y además lo podre en práctica para mí y los demás. (Edgar Morin). Pensamiento complejo, simple, elaborar, lectura, procesos, terquedad, amor, perseverancia, constancia, día a día, noche tras noche. debemos de tener mucha paciencia, y con mucho amor, y constancia, tendremos éxito, desde el principio, que es leer correctamente y claro para este proceso de la lectura, hay que tener mucho amor, y el gusto y el deleite de leer, cada palabra, y su significado y para ello, nos llevaremos un buen tiempo, todo está de acuerdo a la sensibilidad, y las ganas de superación y llegar a la Cima, con paciencia, constancia y terquedad, y ya que logramos este interesante paso de la lectura, entonces el siguiente paso, es elaborar mapas mentales y cognitivos, con la misma lectura que hemos leído, y elaborar apuntes de las palabras clave. Y cuando ya hemos logrado a elaborar mapas mentales y cognitivos, tendremos otra percepción, cognitiva, y seremos mas humildes, más servidores, más útiles para uno mismo y para la misma sociedad de nuestro entorno, escuela, biblioteca y hogar. Etc., etc. Muy bien, creo que estamos avanzando pasos agigantadas, aunque se, que pasos cortos pero muy valiosos, porque cuando uno quiere calidad, el paso es lento pero muy seguro y eficaz y viva la percepción cognitiva personal y global.

Metodología sistemática.

Hay que aprender a leer, a elaborar mapas mentales y cognitivos. Para ello, cada estudiante, deberá primeramente parar por unos minutos y reflexionar, meditar, y analizar que ha hecho con su vida estudiantil, primeramente decir, ¿que estoy haciendo como estudiante?, ¡necesito aprender- aprendiendo a leer, correctamente, con pasión, con ánimo con coraje, con perseverancia , y terquedad!, para poder entender, lo que he leído, y ¡hacia donde me lleva esta lectura, y sobre todo, que he aprendido, de esta lectura!, para mí ,primeramente y luego para ponerlo en práctica con mis colegas, para el significado y luego analizar los conceptos y sus significados, y así, poder elaborar mapas mentales y cognitivos, y así iniciare el proceso de un pensamiento complejo y simple, y además lo podre en práctica para mí y los demás. (Edgar Morin). Pensamiento complejo, simple, elaborar, lectura, procesos, terquedad, amor, perseverancia, constancia, día a día, noche tras noche. debemos de tener mucha paciencia, y con mucho amor, y constancia, tendremos éxito, desde el principio, que es leer correctamente y claro para este proceso de la lectura, hay que tener mucho amor, y el gusto y el deleite de leer, cada palabra, y su significado y para ello, nos llevaremos un buen tiempo, todo está de acuerdo a la sensibilidad, y las ganas de superación y llegar a la Cima, con paciencia, constancia y terquedad, y ya que logramos este interesante paso de la lectura, entonces el siguiente paso, es elaborar mapas mentales y cognitivos, con la misma lectura que hemos leído, y elaborar apuntes e las palabras clave. Y cuando ya hemos logrado a elaborar mapas mentales y cognitivos, tendremos otra percepción, cognitiva, y seremos más humildes, más servidores, más útiles para uno mismo y para la misma sociedad de nuestro entorno, escuela, biblioteca y hogar. Etc., etc. Muy bien, creo que estamos avanzando pasos agigantadas, aunque se, que pasos cortos pero muy valiosos, porque cuando uno quiere calidad, el paso es lento pero muy seguro y eficaz y viva la percepción cognitiva personal y global. Es de suma importancia recordar, que el que persevera alcanzara sus metas, y tendrá éxito porque hay en el o ella amor y coraje y, además, la misma palabra es viva y eficaz.

Discusión.

Es de suma importancia, la discusión, cuando ya hemos estudiado, lo leído, con mucho amor, con terquedad, Con perseverancia, con ánimo, y muchas ganas de aprender- aprendiendo para ser mejores en esta vida, y además ser servidores a la comunidad, por ello y más, hemos nacido , cada ser humano tenemos nuestros dones, que el Espíritu Santo nos da, a cada persona de los cuatro vientos, tenemos los ministerios que Jesucristo nos brinda, y tenemos las operaciones que nuestro Dios em Eterno nos brinda, y es para cada ser humano que vivimos hoy día en este planeta llamado Tierra. Hay que aprender a leer, a elaborar mapas mentales y cognitivos. Para ello, cada estudiante, deberá primeramente parar por unos minutos y reflexionar, meditar, y analizar que ha hecho con su vida estudiantil, primeramente decir, ¿que estoy haciendo como estudiante?, ¡necesito aprender- aprendiendo a leer, correctamente, con pasión, con ánimo con coraje, con perseverancia , y terquedad!, para poder entender, lo que he leído, y ¡hacia donde me lleva esta lectura, y sobre todo, que he aprendido, de esta lectura!, para mí ,primeramente y luego para ponerlo en práctica con mis colegas, para el significado y luego analizar los conceptos y sus significados, y así, poder elaborar mapas mentales y cognitivos, y así iniciare el proceso de un pensamiento complejo y simple, y además lo podre en práctica para mí y los demás. Muy bien, pues creo que vamos por un buen camino, rumbo a la enseñanza, aprendizaje, con amor, y así aprendiendo a leer correctamente y analizando palabra tras palabra, a través del diccionario, y analizar los conceptos, los verbos, la acción, para poder aprender a elaborar mapas mentales y mapas cognitivos, y así aplicarlo para mi persona, y después para los demás, y así poder ser servidor, día tras día, noche tras noche, mientras viva en este mundo. Muy bien, creo que estamos avanzando pasos agigantadas, aunque se, que pasos cortos pero muy valiosos, porque cuando uno quiere calidad, el paso es lento pero muy seguro y eficaz y viva la percepción cognitiva personal y global. Es de suma importancia recordar, que el que persevera alcanzara sus metas, y tendrá éxito porque hay en él o ella amor y coraje y, además, la misma palabra es viva y eficaz.

Recapitulación.

Hay que aprender a leer, a elaborar mapas mentales y cognitivos. Para ello, cada estudiante, deberá primeramente parar por unos minutos y reflexionar, meditar, y analizar que ha hecho con su vida estudiantil, primeramente decir, ¿que estoy haciendo como estudiante?, ¡necesito aprender- aprendiendo a leer, correctamente, con pasión, con ánimo con coraje, con perseverancia , y terquedad!, para poder entender, lo que he leído, y ¡hacia donde me lleva esta lectura, y sobre todo, que he aprendido, de esta lectura!, para mí ,primeramente y luego para ponerlo en práctica con mis colegas, para el significado y luego analizar los conceptos y sus significados, y así, poder elaborar mapas mentales y cognitivos, y así iniciare el proceso de un pensamiento complejo y simple, y además lo podre en práctica para mí y los demás. (Edgar Morin). Pensamiento complejo, simple, elaborar, lectura, procesos, terquedad, amor, perseverancia, constancia, día a día, noche tras noche. debemos de tener mucha paciencia, y con mucho amor, y constancia, tendremos éxito, desde el principio, que es leer correctamente y claro para este proceso de la lectura, hay que tener mucho amor, y el gusto y el deleite de leer, cada palabra, y su significado y para ello, nos llevaremos un buen tiempo, todo está de acuerdo a la sensibilidad, y las ganas de superación y llegar a la Cima, con paciencia, constancia y terquedad, y ya que logramos este interesante paso de la lectura, entonces el siguiente paso, es elaborar mapas mentales y cognitivos, con la misma lectura que hemos leído, y elaborar apuntes e las palabras clave. Y cuando ya hemos logrado a elaborar mapas mentales y cognitivos, tendremos otra percepción, cognitiva, y seremos más humildes, más servidores, más útiles para uno mismo y para la misma sociedad de nuestro entorno, escuela, biblioteca y hogar. Etc., etc. Muy bien, creo que estamos avanzando pasos agigantadas, aunque se, que pasos cortos pero muy valiosos, porque cuando uno quiere calidad, el paso es lento pero muy seguro y eficaz y viva la percepción cognitiva personal y global. Es de suma importancia recordar, que el que persevera alcanzara sus metas, y tendrá éxito porque hay en él o ella amor y coraje y, además, la misma palabra es viva y eficaz.

Imagen.

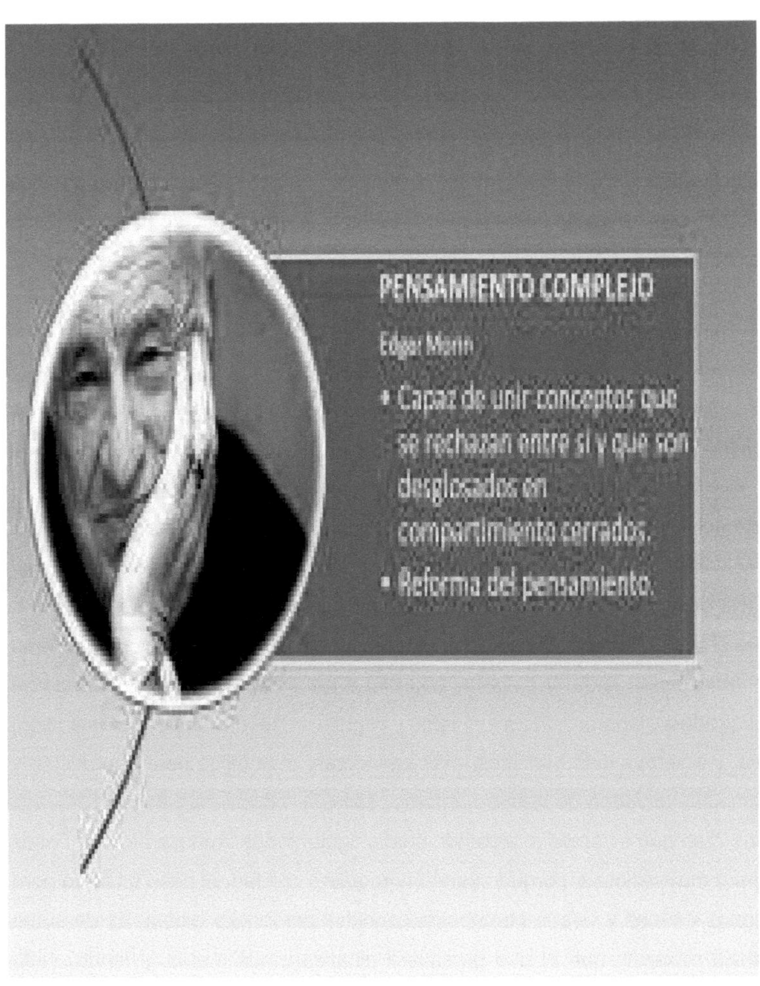
PENSAMIENTO COMPLEJO
• Capaz de unir conceptos que se rechazan entre sí y que son desglosados en compartimiento cerrados.
• Reforma del pensamiento.

Cuadro mental.

Hay que aprender a leer, a elaborar mapas mentales y cognitivos. Para ello, cada estudiante, deberá primeramente parar por unos minutos y reflexionar, meditar, y analizar que ha hecho con su vida estudiantil, primeramente decir, ¿que estoy haciendo como estudiante?, ¡necesito aprender- aprendiendo a leer, correctamente, con pasión, con ánimo con coraje, con perseverancia , y terquedad!, para poder entender, lo que he leído, y ¡hacia donde me lleva esta lectura, y sobre todo, que he aprendido, de esta lectura!, para mí ,primeramente y luego para ponerlo en práctica con mis colegas, para el significado y luego analizar los conceptos y sus significados, y así, poder elaborar mapas mentales y cognitivos, y así iniciare el proceso de un pensamiento complejo y simple, y además lo podre en práctica para mí y los demás. (Edgar Morin). Pensamiento complejo, simple, elaborar, lectura, procesos, terquedad, amor, perseverancia, constancia, día a día, noche tras noche. debemos de tener mucha paciencia, y con mucho amor, y constancia, tendremos éxito, desde el principio, que es leer correctamente y claro para este proceso de la lectura, hay que tener mucho amor, y el gusto y el deleite de leer, cada palabra, y su significado y para ello, nos llevaremos un buen tiempo, todo está de acuerdo a la sensibilidad, y las ganas de superación y llegar a la Cima, con paciencia, constancia y terquedad, y ya que logramos este interesante paso de la lectura, entonces el siguiente paso, es elaborar mapas mentales y cognitivos, con la misma lectura que hemos leído, y elaborar apuntes de las palabras clave. Y cuando ya hemos logrado a elaborar mapas mentales y cognitivos, tendremos otra percepción, cognitiva, y seremos más humildes, más servidores, más útiles para uno mismo y para la misma sociedad de nuestro entorno, escuela, biblioteca y hogar. Etc., etc. Muy bien, creo que estamos avanzando pasos agigantadas, aunque se, que pasos cortos pero muy valiosos, porque cuando uno quiere calidad, el paso es lento pero muy seguro y eficaz y viva la percepción cognitiva personal y global.

"Ama siempre a Dios y sé sincero con tus amigos; así estarás bien con Dios y con tus semejantes."
Proverbios 3:3-4
www.elmaestropr.com

Hay que aprender a leer, a elaborar mapas mentales y cognitivos. Para ello, cada estudiante, deberá primeramente parar por unos minutos y reflexionar, meditar, y analizar que ha hecho con su vida estudiantil, primeramente decir, ¿que estoy haciendo como estudiante?, ¡necesito aprender aprendiendo a leer, correctamente, con pasión, con ánimo con coraje, con perseverancia , y terquedad!, para poder entender, lo que he leído, y ¡hacia donde me lleva esta lectura, y sobre todo, que he aprendido, de esta lectura!, para mí ,primeramente y luego para ponerlo en práctica con mis colegas, para el significado y luego analizar los conceptos y sus significados, y así, poder elaborar mapas mentales y cognitivos, y así iniciare el proceso de un pensamiento complejo y simple, y además lo podre en práctica para mí y los demás. (Edgar Morin). Muy bien, creo que estamos avanzando pasos agigantadas, aunque se, que pasos cortos pero muy valiosos, porque cuando uno quiere calidad, el paso es lento pero muy seguro y eficaz y viva la percepción cognitiva personal y global. Es de suma importancia recordar, que el que persevera alcanzara sus metas, y tendrá éxito porque hay en él o ella amor y coraje y, además, la misma palabra es viva y eficaz. Con paciencia, constancia y terquedad, y ya que logramos este interesante paso de la lectura, entonces el siguiente paso, es elaborar mapas mentales y cognitivos, con la misma lectura que hemos leído, y elaborar apuntes e las palabras clave. Y cuando ya hemos logrado a elaborar mapas mentales y cognitivos, tendremos otra percepción, cognitiva, y seremos más humildes, más servidores, más útiles para uno mismo y para la misma sociedad de nuestro entorno, escuela, biblioteca y hogar. Etc., etc. Muy bien, creo que estamos avanzando pasos agigantadas, aunque se, que pasos cortos pero muy valiosos, porque cuando uno quiere calidad, el paso es lento pero muy seguro y eficaz y viva la percepción cognitiva personal y global. Es de suma importancia recordar, que el que persevera alcanzara sus metas, y tendrá éxito porque hay en él o ella amor y coraje y, además, la misma palabra es viva y eficaz

Cuando estamos
movidos por el amor
a Dios entonces
damos amor

Capítulo seis.

Hay que aprender a leer, para no caer en la ignorancia y la perdición.

Resumen.

Hay que aprender a leer, para no caer en la ignorancia y la perdición. El que no aprende a leer correctamente, analizando, discerniendo, y ponerlo en practica consigo mismo, y con los demás, esa persona ya sea estudiante, maestro, docente y público en general, pues caerá en la ignorancia y por ende en la perdición, y si no se corrige, entonces será por toda su triste vida aquí en la tierra. Por ello les invito a todo aquel o aquella que quiera salir del abismo Sima) y ser parte de los que quieren ser diferentes y no caer en la ignorancia y la perdición que empecemos a leer, tal como debe de ser, y así no seremos nubes sin agua, porque después los aires nos arrastraran por doquier, y cualquier persona, religión, fábulas, corrientes políticas nos llevaran por donde ellos y ellas quieran llevarnos.

Palabras clave.

Leer, ignorancia, perdición, sima, cima, entender, comprender, discernir, amor, terquedad, disciplina, día, noche, hasta Los últimos días de nuestra vida, aquí en la tierra.

Introducción.

Hay que aprender a leer, para no caer en la ignorancia y la perdición. El que no aprende a leer correctamente, analizando, discerniendo, y ponerlo en práctica consigo mismo, y con los demás, esa persona ya sea estudiante, maestro, docente y público en general, pues caerá en la ignorancia y por ende en la perdición, y si no se corrige, entonces será por toda su triste vida aquí en la tierra. Por ello les invito a todo aquel o aquella que quiera salir del abismo Sima) y ser parte de los que quieren ser diferentes y no caer en la ignorancia y la perdición que empecemos a leer, tal como debe de ser, y así no seremos nubes sin agua, porque después los aires nos arrastraran por doquier, y cualquier persona, religión, fábulas, corrientes políticas nos llevaran por donde ellos y ellas quieran llevarnos. Leer, ignorancia, perdición, sima, cima, entender, comprender, discernir, amor, terquedad, disciplina, día, noche, hasta Los últimos días de nuestra vida, aquí en la tierra. Hoy día en algunas universidades de los cuatro vientos, en los diferentes planteles educativos, ya no quieren leer los estudiantes, prefiere el famoso celular-Internet, y se memorizan todo, peor no lo comprenden, no lo entiende, y mucho menos no lo pueden poner en práctica para el bien de ellos mismos y de los demás. Cuando aprendemos a leer correctamente, y lo llevamos a cabo sus funciones didácticas, psico didácticas, tanto somático como cognitivo cerebral, y elaboramos mapas mentales, cuadros mentales y mapas cognitivos, y es útil para nuestro diario vivir, y lo aplicamos para nuestro beneficio, y después para los demás, entonces ya estaos en un camino recto, correcto y sabio y así podremos ser servidores de la misma comunidad de los cuatro vientos. Entonces ya podemos decir, que hemos dado el prime paso correcto, y ya podremos seguir día a día, noche tras noche, y siempre renovando nuestra mente, la conciencia, y todos nuestros atributos que están en nuestra Masa Encefálica de los tres cerebros, y es ahí cuando iniciamos el camino espiritual, ayudados por el por el Divino y Misericordioso.

Metodología sistemática.

Hay que aprender a leer, para no caer en la ignorancia y la perdición. El que no aprende a leer correctamente, analizando, discerniendo, y ponerlo en práctica consigo mismo, y con los demás, esa persona ya sea estudiante, maestro, docente y público en general, pues caerá en la ignorancia y por ende en la perdición, y si no se corrige, entonces será por toda su triste vida aquí en la tierra. Por ello les invito a todo aquel o aquella que quiera salir del abismo Sima) y ser parte de los que quieren ser diferentes y no caer en la ignorancia y la perdición que empecemos a leer, tal como debe de ser, y así no seremos nubes sin agua, porque después los aires nos arrastraran por doquier, y cualquier persona, religión, fábulas, corrientes políticas nos llevaran por donde ellos y ellas quieran llevarnos. Leer, ignorancia, perdición, sima, cima, entender, comprender, discernir, amor, terquedad, disciplina, día, noche, hasta Los últimos días de nuestra vida, aquí en la tierra. Hoy día en algunas universidades de los cuatro vientos, en los diferentes planteles educativos, ya no quieren leer los estudiantes, prefiere el famoso celular-Internet, y se memorizan todo, pero no lo comprenden, no lo entiende, y mucho menos no lo pueden poner en práctica para el bien de ellos mismos y de los demás. Cuando aprendemos a leer correctamente, y lo llevamos a cabo sus funciones didácticas, psico didácticas, tanto somático como cognitivo cerebral, y elaboramos mapas mentales, cuadros mentales y mapas cognitivos, y es útil para nuestro diario vivir, y lo aplicamos para nuestro beneficio, y después para los demás, entonces ya estaos en un camino recto, correcto y sabio y así podremos ser servidores de la misma comunidad de los cuatro vientos. Entonces ya podemos decir, que hemos dado el primer paso correcto, y ya podremos seguir día a día, noche tras noche, y siempre renovando nuestra mente, la conciencia, y todos nuestros atributos que están en nuestra Masa Encefálica de los tres cerebros, y es ahí cuando iniciamos el camino espiritual, ayudados por el por el Divino y Misericordioso.

Discusión.

Hoy día en algunas universidades de los cuatro vientos, en los diferentes planteles educativos, ya no quieren leer los estudiantes, prefiere el famoso celular-Internet, y se memorizan todo, pero no lo comprenden, no lo entiende, y mucho menos no lo pueden poner en práctica para el bien de ellos mismos y de los demás. Cuando aprendemos a leer correctamente, y lo llevamos a cabo sus funciones didácticas, psico didácticas, tanto somático como cognitivo cerebral, y elaboramos mapas mentales, cuadros mentales y mapas cognitivos, y es útil para nuestro diario vivir, y lo aplicamos para nuestro beneficio, y después para los demás, entonces ya estaos en un camino recto, correcto y sabio y así podremos ser servidores de la misma comunidad de los cuatro vientos. Entonces ya podemos decir, que hemos dado el primer paso correcto, y ya podremos seguir día a día, noche tras noche, y siempre renovando nuestra mente, la conciencia, y todos nuestros atributos que están en nuestra Masa Encefálica de los tres cerebros, y es ahí cuando iniciamos el camino espiritual, ayudados por el por el Divino y Misericordioso. Hay que aprender a leer, para no caer en la ignorancia y la perdición. El que no aprende a leer correctamente, analizando, discerniendo, y ponerlo en práctica consigo mismo, y con los demás, esa persona ya sea estudiante, maestro, docente y público en general, pues caerá en la ignorancia y por ende en la perdición, y si no se corrige, entonces será por toda su triste vida aquí en la tierra. Por ello les invito a todo aquel o aquella que quiera salir del abismo Sima) y ser parte de los que quieren ser diferentes y no caer en la ignorancia y la perdición que empecemos a leer, tal como debe de ser, y así no seremos nubes sin agua, porque después los aires nos arrastraran por doquier, y cualquier persona, religión, fábulas, corrientes políticas nos llevaran por donde ellos y ellas quieran llevarnos, y es así, como la vida misma es diferente nuestro sentir, nuestra forma de pensar, de analizar y de entender, y todo cuando aprendemos a leer correctamente, y salimos de la ignorancia, de la mediocridad, y por ende seremos mas servidores, humildes, y nuestra mente se quebranta, reconociendo que sin la ayuda del Creador, nada podemos hacer, porque el, el Divino que es Omnisciente, es que nos dio de su: Imagen y Semejanza.

Recapitulación.

Hay que aprender a leer, para no caer en la ignorancia y la perdición. El que no aprende a leer correctamente, analizando, discerniendo, y ponerlo en práctica consigo mismo, y con los demás, esa persona ya sea estudiante, maestro, docente y público en general, pues caerá en la ignorancia y por ende en la perdición, y si no se corrige, entonces será por toda su triste vida aquí en la tierra. Por ello les invito a todo aquel o aquella que quiera salir del abismo Sima) y ser parte de los que quieren ser diferentes y no caer en la ignorancia y la perdición que empecemos a leer, tal como debe de ser, y así no seremos nubes sin agua, porque después los aires nos arrastraran por doquier, y cualquier persona, religión, fábulas, corrientes políticas nos llevaran por donde ellos y ellas quieran llevarnos. Leer, ignorancia, perdición, sima, cima, entender, comprender, discernir, amor, terquedad, disciplina, día, noche, hasta Los últimos días de nuestra vida, aquí en la tierra. Hoy día en algunas universidades de los cuatro vientos, en los diferentes planteles educativos, ya no quieren leer los estudiantes, prefiere el famoso celular-Internet, y se memorizan todo, pero no lo comprenden, no lo entiende, y mucho menos no lo pueden poner en práctica para el bien de ellos mismos y de los demás. Cuando aprendemos a leer correctamente, y lo llevamos a cabo sus funciones didácticas, psico didácticas, tanto somático como cognitivo cerebral, y elaboramos mapas mentales, cuadros mentales y mapas cognitivos, y es útil para nuestro diario vivir, y lo aplicamos para nuestro beneficio, y después para los demás, entonces ya estaos en un camino recto, correcto y sabio y así podremos ser servidores de la misma comunidad de los cuatro vientos. Entonces ya podemos decir, que hemos dado el primer paso correcto, y ya podremos seguir día a día, noche tras noche, y siempre renovando nuestra mente, la conciencia, y todos nuestros atributos que están en nuestra Masa Encefálica de los tres cerebros, y es ahí cuando iniciamos el camino espiritual, ayudados por el por el Divino y Misericordioso.

Imagen.

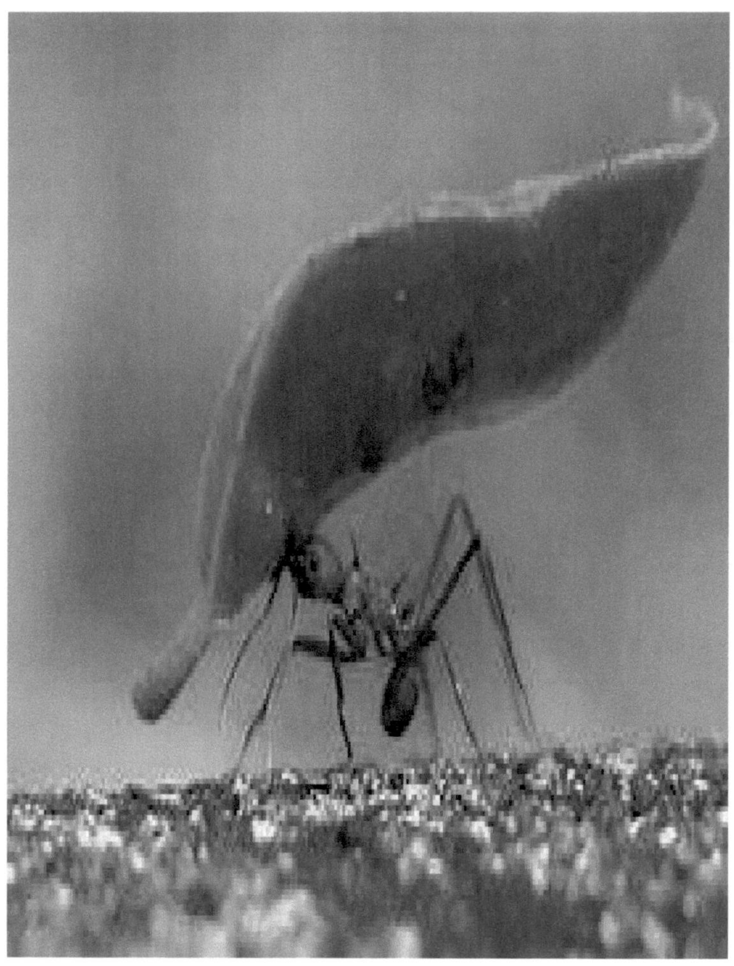

Cuadro mental.

Hay que aprender a leer, para no caer en la ignorancia y la perdición. El que no aprende a leer correctamente, analizando, discerniendo, y ponerlo en práctica consigo mismo, y con los demás, esa persona ya sea estudiante, maestro, docente y público en general, pues caerá en la ignorancia y por ende en la perdición, y si no se corrige, entonces será por toda su triste vida aquí en la tierra. Por ello les invito a todo aquel o aquella que quiera salir del abismo Sima) y ser parte de los que quieren ser diferentes y no caer en la ignorancia y la perdición que empecemos a leer, tal como debe de ser, y así no seremos nubes sin agua, porque después los aires nos arrastraran por doquier, y cualquier persona, religión, fábulas, corrientes políticas nos llevaran por donde ellos y ellas quieran llevarnos. Leer, ignorancia, perdición, sima, cima, entender, comprender, discernir, amor, terquedad, disciplina, día, noche, hasta Los últimos días de nuestra vida, aquí en la tierra. Cuando aprendemos a leer correctamente, y lo llevamos a cabo sus funciones didácticas, psico didácticas, tanto somático como cognitivo cerebral, y elaboramos mapas mentales, cuadros mentales y mapas cognitivos, y es útil para nuestro diario vivir, y lo aplicamos para nuestro beneficio, y después para los demás, entonces ya estaos en un camino recto, correcto y sabio y así podremos ser servidores de la misma comunidad de los cuatro vientos. Entonces ya podemos decir, que hemos dado el primer paso correcto, y ya podremos seguir día a día, noche tras noche, y siempre renovando nuestra mente, la conciencia, y todos nuestros atributos que están en nuestra Masa Encefálica de los tres cerebros, y es ahí cuando iniciamos el camino espiritual, ayudados por el por el Divino y Misericordioso.

Resumiendo, este hermoso capítulo.

Hay que aprender a leer, para no caer en la ignorancia y la perdición. El que no aprende a leer correctamente, analizando, discerniendo, y ponerlo en práctica consigo mismo, y con los demás, esa persona ya sea estudiante, maestro, docente y público en general, pues caerá en la ignorancia y por ende en la perdición, y si no se corrige, entonces será por toda su triste vida aquí en la tierra. Por ello les invito a todo aquel o aquella que quiera salir del abismo Sima) y ser parte de los que quieren ser diferentes y no caer en la ignorancia y la perdición que empecemos a leer, tal como debe de ser, y así no seremos nubes sin agua, porque después los aires nos arrastraran por doquier, y cualquier persona, religión, fábulas, corrientes políticas nos llevaran por donde ellos y ellas quieran llevarnos. Leer, ignorancia, perdición, sima, cima, entender, comprender, discernir, amor, terquedad, disciplina, día, noche, hasta Los últimos días de nuestra vida, aquí en la tierra. Hoy día en algunas universidades de los cuatro vientos, en los diferentes planteles educativos, ya no quieren leer los estudiantes, prefiere el famoso celular-Internet, y se memorizan todo, pero no lo comprenden, no lo entiende, y mucho menos no lo pueden poner en práctica para el bien de ellos mismos y de los demás. Cuando aprendemos a leer correctamente, y lo llevamos a cabo sus funciones didácticas, psico didácticas, tanto somático como cognitivo cerebral, y elaboramos mapas mentales, cuadros mentales y mapas cognitivos, y es útil para nuestro diario vivir, y lo aplicamos para nuestro beneficio, y después para los demás, entonces ya estaos en un camino recto, correcto y sabio y así podremos ser servidores de la misma comunidad de los cuatro vientos. Entonces ya podemos decir, que hemos dado el primer paso correcto, y ya podremos seguir día a día, noche tras noche, y siempre renovando nuestra mente, la conciencia, y todos nuestros atributos que están en nuestra Masa Encefálica de los tres cerebros, y es ahí cuando iniciamos el camino espiritual, ayudados por el por el Divino y Misericordioso.

El
amor verdadero
es simple
de una manera
sublime, a
diferencia
del amor falso
que tiene muchos deseos,
el verdadero amor solo
aspira una cosa
COMPARTIR

Capítulo siete.

Mis estudiantes se perdieron por falta de conocimiento simple y complejo.

Resumen.

Mis estudiantes se perdieron por falta de conocimiento simple y complejo. Por no entender, comprender, por tener una pereza cerebral, somática y neuronal, por dormir de más, y estar día a día con el uso del celular-Internet, sin comprender ni analizar los conceptos inviables, y por ende se han perdido, y han sido nubes sin agua, donde cualquier viento, son arrastrados por doquier, por las malas compañías, de compañeros, de amistades, hoy día el estudiantado la mayoría, anda por las sendas equivocadas, donde su destino final será la Sima (abismo). Es por ello, que es urgente que nos paremos en nuestro diario vivir, y caminar, para poder reflexionar, meditar, y nos preguntaremos: ¿Qu estoy haciendo con mi vida hoy este día? ¿Habrá soluciones, para que yo, inicie un nuevo cambio, un nuevo vivir, donde yo no sea un ignorante, por falta de conocimiento?

Palabras clave.

Conocimiento, ignorancia, pereza cerebral, leer, desinterés, meditar, reflexionar, conocimiento, pensamiento simple, y complejo.

Introducción.

Mis estudiantes se perdieron por falta de conocimiento simple y complejo. Por no entender, comprender, por tener una pereza cerebral, somática y neuronal, por dormir de más, y estar día a día con el uso del celular-Internet, sin comprender ni analizar los conceptos inviables, y por ende se han perdido, y han sido nubes sin agua, donde cualquier viento, son arrastrados por doquier, por las malas compañías, de compañeros, de amistades, hoy día el estudiantado la mayoría, anda por las sendas equivocadas, donde su destino final será la Sima (abismo). Es por ello, que es urgente que nos paremos en nuestro diario vivir, y caminar, para poder reflexionar, meditar, y nos preguntaremos: ¿Qu estoy haciendo con mi vida hoy este día? ¿Habrá soluciones, para que yo, inicie un nuevo cambio, un nuevo vivir, donde yo no sea un ignorante, por falta de conocimiento? Conocimiento, ignorancia, pereza cerebral, leer, desinterés, meditar, reflexionar, conocimiento, pensamiento simple, y complejo. Para poder cambiar nuestros hábitos, necesitamos cada uno de nosotros, meditar y tener conciencia bien firme, para poder hacer una promesa y decir: hoy voy a cambiar basta ya de estar en un estado de comodidad, de pereza cerebral y somática, de que todo me vale, si estoy consciente que nací con una Masa Encefálica y en ella existe tres cerebros y que cada uno de ellos tienen sus atributos, para poder vivir bien en armonía, ¿entonces porque no cambio? ¡que necesito para cambiar! Necesito tener coraje, tener mucho amor, tener terquedad, tener paciencia y constancia, dormir menos, que me enseña lo que hace la hormiga que trabaja todo el verano para tener aliento en el invierno, eso es lo que necesito, ¡como es posible que una hormiga, me ensena el camino para el éxito! Me da mucha vergüenza, pero así es, yo que tengo tres cerebros sigo de mediocre, sigo de perezoso, sigo actuando como que ¡todo me vale! No debe de ser así, puesto que nací con la semejanza de mi Dios y su imagen, es por ello por lo que son muy amado e importante para mí Dios. ¡O no es así, mi querido lector (a)! Pues bien, mano a la obra, hoy es el día especial para mí, hoy necesito cambiar mis hábitos internos y externos, para seguir un camino recto, ético y así poder llegar a la Cima hasta el final de mis días aquí en la tierra.

Metodología sistemática.

Mis estudiantes se perdieron por falta de conocimiento simple y complejo. Por no entender, comprender, por tener una pereza cerebral, somática y neuronal, por dormir de más, y estar día a día con el uso del celular-Internet, sin comprender ni analizar los conceptos inviables, y por ende se han perdido, y han sido nubes sin agua, donde cualquier viento, son arrastrados por doquier, por las malas compañías, de compañeros, de amistades, hoy día el estudiantado la mayoría, anda por las sendas equivocadas, donde su destino final será la Sima (abismo). Es por ello, que es urgente que nos paremos en nuestro diario vivir, y caminar, para poder reflexionar, meditar, y nos preguntaremos: ¿Qu estoy haciendo con mi vida hoy este día? ¿Habrá soluciones, para que yo, inicie un nuevo cambio, un nuevo vivir, donde yo no sea un ignorante, por falta de conocimiento? Conocimiento, ignorancia, pereza cerebral, leer, desinterés, meditar, reflexionar, conocimiento, pensamiento simple, y complejo. Parar poder modificar nuestros hábitos, necesitamos cada uno de nosotros, meditar y tener conciencia bien firme, para poder hacer una promesa y decir: hoy voy a cambiar basta ya de estar en un estado de comodidad, de pereza cerebral y somática, de que todo me vale, si estoy consciente que nací con una Masa Encefálica y en ella existe tres cerebros y que cada uno de ellos tienen sus atributos, para poder vivir bien en armonía, ¿entonces porque no cambio? ¡que necesito para cambiar! Necesito tener coraje, tener mucho amor, tener terquedad, tener paciencia y constancia, dormir menos, que me enseña lo que hace la hormiga que trabaja todo el verano para tener aliento en el invierno, eso es lo que necesito, ¡cómo es posible que una hormiga, me guie el camino para el éxito! Me da mucha vergüenza, pero así es, yo que tengo tres cerebros sigo de mediocre, sigo de perezoso, sigo actuando como que ¡todo me vale! No debe de ser así, puesto que nací con la semejanza de mi Dios y su imagen, es por ello por lo que son muy amado e importante para mí Dios. ¡O no es así, mi querido lector (a)! Pues bien, mano a la obra, hoy es el día especial para mí, hoy necesito cambiar mis hábitos internos y externos, para seguir un camino recto, ético y así poder llegar a la Cima hasta el final de mis días aquí en la tierra.

Discusión.

Mis estudiantes se perdieron por falta de conocimiento simple y complejo. Por no entender, comprender, por tener una pereza cerebral, somática y neuronal, por dormir de más, y estar día a día con el uso del celular-Internet, sin comprender ni analizar los conceptos inviables, y por ende se han perdido, y han sido nubes sin agua, donde cualquier viento, son arrastrados por doquier, por las malas compañías, de compañeros, de amistades, hoy día el estudiantado la mayoría, anda por las sendas equivocadas, donde su destino final será la Sima (abismo). Es por ello, que es urgente que nos paremos en nuestro diario vivir, y caminar, para poder reflexionar, meditar, y nos preguntaremos: ¿Qu estoy haciendo con mi vida hoy este día? ¿Habrá soluciones, para que yo, inicie un nuevo cambio, un nuevo vivir, donde yo no sea un ignorante, por falta de conocimiento? ¿Qué tengo que hacer yo, y los demás para poder iniciar el proceso cualitativo y cuantitativo respecto al conocimiento simple y complejo y poder llegar hasta la Cima? ¿Por qué hoy día la mayoría del estudiantado y docente de los diferentes niveles educativo de los cuatro vientos, nos hemos desviado de la simplicidad y de la complejidad? ¡cómo es posible que una hormiga, me guie el camino para el éxito! Me da mucha vergüenza, pero así es, yo que tengo tres cerebros sigo de mediocre, sigo de perezoso, sigo actuando como que ¡todo me vale! No debe de ser así, puesto que nací con la semejanza de mi Dios y su imagen, es por ello por lo que son muy amado e importante para mí Dios. ¡O no es así, mi querido lector (a)! Pues bien, mano a la obra, hoy es el día especial para mí, hoy necesito cambiar mis hábitos internos y externos, para seguir un camino recto, ético y así poder llegar a la Cima. Muy bien creo que vamos por un camino, donde podemos iniciar el proceso de la enseñanza-aprendizaje, de la simplicidad y de la complejidad, del dialogo y servid a los demás, podemos ser útiles en diferentes formas, aquí lo importante es que seamos humildes de corazón y que espíritu sea quebrantado a cada segundo de nuestro diario vivir.

Recapitulación.

Mis estudiantes se perdieron por falta de conocimiento simple y complejo. Por no entender, comprender, por tener una pereza cerebral, somática y neuronal, por dormir de más, y estar día a día con el uso del celular-Internet, sin comprender ni analizar los conceptos inviables, y por ende se han perdido, y han sido nubes sin agua, donde cualquier viento, son arrastrados por doquier, por las malas compañías, de compañeros, de amistades, hoy día el estudiantado la mayoría, anda por las sendas equivocadas, donde su destino final será la Sima (abismo). Es por ello, que es urgente que nos paremos en nuestro diario vivir, y caminar, para poder reflexionar, meditar, y nos preguntaremos: ¿Qu estoy haciendo con mi vida hoy este día? ¿Habrá soluciones, para que yo, inicie un nuevo cambio, un nuevo vivir, donde yo no sea un ignorante, por falta de conocimiento? Conocimiento, ignorancia, pereza cerebral, leer, desinterés, meditar, reflexionar, conocimiento, pensamiento simple, y complejo. Parar poder modificar nuestros hábitos, necesitamos cada uno de nosotros, meditar y tener conciencia bien firme, para poder hacer una promesa y decir: hoy voy a cambiar basta ya de estar en un estado de comodidad, de pereza cerebral y somática, de que todo me vale, si estoy consciente que nací con una Masa Encefálica y en ella existe tres cerebros y que cada uno de ellos tienen sus atributos, para poder vivir bien en armonía, ¿entonces porque no cambio? ¡que necesito para cambiar! Necesito tener coraje, tener mucho amor, tener terquedad, tener paciencia y constancia, dormir menos, que me enseña lo que hace la hormiga que trabaja todo el verano para tener aliento en el invierno, eso es lo que necesito, ¡cómo es posible que una hormiga, me guie el camino para el éxito! Me da mucha vergüenza, pero así es, yo que tengo tres cerebros sigo de mediocre, sigo de perezoso, sigo actuando como que ¡todo me vale! No debe de ser así, puesto que nací con la semejanza de mi Dios y su imagen, es por ello por lo que son muy amado e importante para mí Dios. ¡O no es así, mi querido lector (a)! Pues bien, mano a la obra, hoy es el día especial para mí, hoy necesito cambiar mis hábitos internos y externos, para seguir un camino recto, ético y así poder llegar a la Cima hasta el final de mis días aquí en la tierra.

Resumiendo, en este hermoso capítulo.

Mis estudiantes se perdieron por falta de conocimiento simple y complejo. Por no entender, comprender, por tener una pereza cerebral, somática y neuronal, por dormir de más, y estar día a día con el uso del celular-Internet, sin comprender ni analizar los conceptos inviables, y por ende se han perdido, y han sido nubes sin agua, donde cualquier viento, son arrastrados por doquier, por las malas compañías, de compañeros, de amistades, hoy día el estudiantado la mayoría, anda por las sendas equivocadas, donde su destino final será la Sima (abismo). Es por ello, que es urgente que nos paremos en nuestro diario vivir, y caminar, para poder reflexionar, meditar, y nos preguntaremos: ¿Qu estoy haciendo con mi vida hoy este día? ¿Habrá soluciones, para que yo, inicie un nuevo cambio, un nuevo vivir, donde yo no sea un ignorante, por falta de conocimiento? Conocimiento, ignorancia, pereza cerebral, leer, desinterés, meditar, reflexionar, conocimiento, pensamiento simple, y complejo. Para poder modificar nuestros hábitos, necesitamos cada uno de nosotros, meditar y tener conciencia bien firme, para poder hacer una promesa y decir: hoy voy a cambiar basta ya de estar en un estado de comodidad, de pereza cerebral y somática, de que todo me vale, si estoy consciente que nací con una Masa Encefálica y en ella existe tres cerebros y que cada uno de ellos tienen sus atributos, para poder vivir bien en armonía, ¿entonces porque no cambio? ¡que necesito para cambiar! Necesito tener coraje, tener mucho amor, tener terquedad, tener paciencia y constancia, dormir menos, que me enseña lo que hace la hormiga que trabaja todo el verano para tener aliento en el invierno, eso es lo que necesito, ¡cómo es posible que una hormiga, me guie el camino para el éxito! Me da mucha vergüenza, pero así es, yo que tengo tres cerebros sigo de mediocre, sigo de perezoso, sigo actuando como que ¡todo me vale! No debe de ser así, puesto que nací con la semejanza de mi Dios y su imagen, es por ello por lo que son muy amado e importante para mí Dios. ¡O no es así, mi querido lector (a)! Pues bien, mano a la obra, hoy es el día especial para mí, hoy necesito cambiar mis hábitos internos y externos, para seguir un camino recto, ético y así poder llegar a la Cima hasta el final de mis días aquí en la tierra.

Imagen.

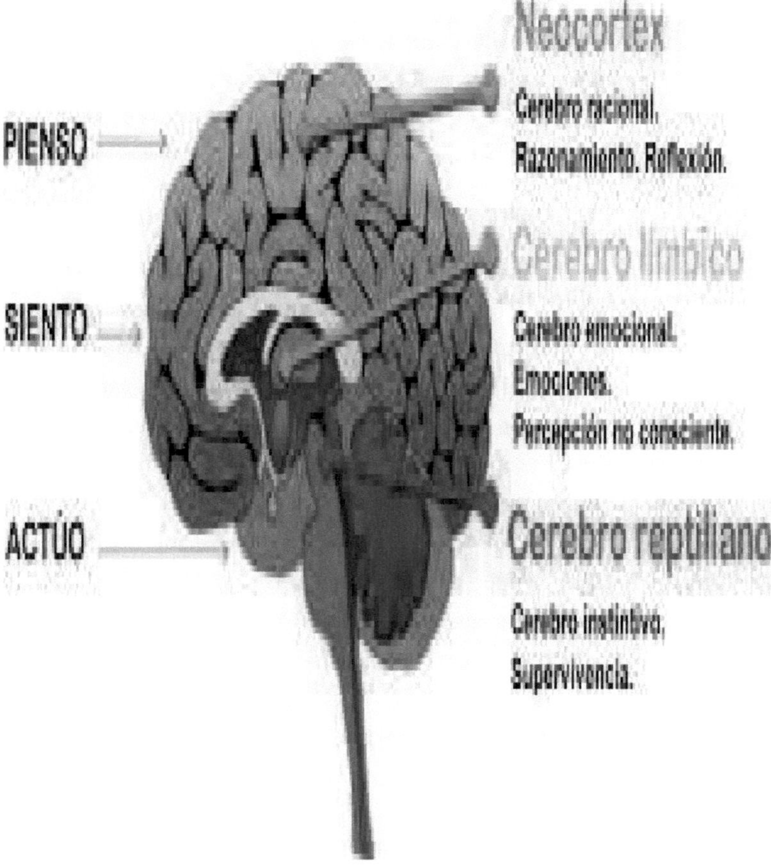

PIENSO
SIENTO
ACTÚO
Neocortex
Cerebro racional.
Razonamiento. Reflexión.
Cerebro límbico
Cerebro emocional.
Emociones.
Percepción no consciente.
Cerebro reptiliano
Cerebro instintivo.
Supervivencia.

Cuadro mental.

¿Qu estoy haciendo con mi vida hoy este día? ¿Habrá soluciones, para que yo, inicie un nuevo cambio, un nuevo vivir, donde yo no sea un ignorante, por falta de conocimiento? Conocimiento, ignorancia, pereza cerebral, leer, desinterés, meditar, reflexionar, conocimiento, pensamiento simple, y complejo. Para poder modificar nuestros hábitos, necesitamos cada uno de nosotros, meditar y tener conciencia bien firme, para poder hacer una promesa y decir: hoy voy a cambiar basta ya de estar en un estado de comodidad, de pereza cerebral y somática, de que todo me vale, si estoy consciente que nací con una Masa Encefálica y en ella existe tres cerebros y que cada uno de ellos tienen sus atributos, para poder vivir bien en armonía, ¿entonces porque no cambio? ¡que necesito para cambiar! Necesito tener coraje, tener mucho amor, tener terquedad, tener paciencia y constancia, dormir menos, que me enseña lo que hace la hormiga que trabaja todo el verano para tener aliento en el invierno, eso es lo que necesito, ¡cómo es posible que una hormiga, me guie el camino para el éxito! Me da mucha vergüenza, pero así es, yo que tengo tres cerebros sigo de mediocre, sigo de perezoso, sigo actuando como que ¡todo me vale! No debe de ser así, puesto que nací con la semejanza de mi Dios y su imagen, es por ello por lo que son muy amado e importante para mí Dios. ¡O no es así, mi querido lector (a)! Pues bien, mano a la obra, hoy es el día especial para mí, hoy necesito cambiar mis hábitos internos y externos, para seguir un camino recto, ético y así poder llegar a la Cima al final de mis días aquí en la tierra.

ECONSEJOS.COM
¿Usted consigue encontrar 2 gatos escondidos en esta imagen? ¡Este antiguo enigma no es tan fácil como parece!
ARNOLD'S BALSAM
GUARDE ESTE PIN

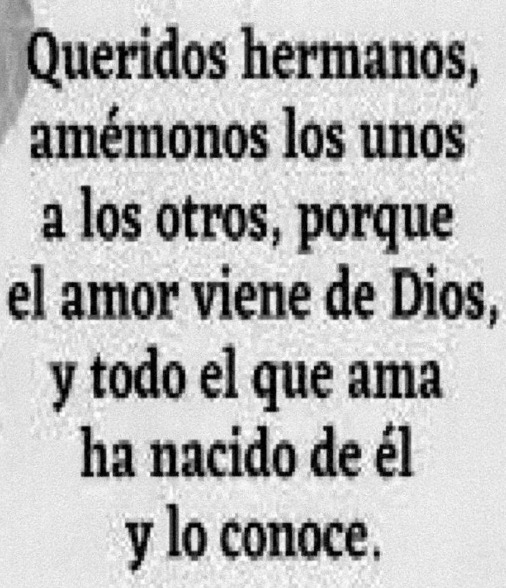
Queridos hermanos,
amémonos los unos
a los otros, porque
el amor viene de Dios,
y todo el que ama
ha nacido de él
y lo conoce.
1 Juan 4:7
SuBiblia

Capitulo ocho. Recopilación de los capítulos anteriores.

Resumen.

Recopilación de los capítulos anteriores. Mis estudiantes se perdieron por falta de conocimiento simple y complejo. Por no entender, comprender, por tener una pereza cerebral, somática y neuronal, por dormir de más, y estar día a día con el uso del celular-Internet, sin comprender ni analizar los conceptos inviables, y por ende se han perdido, y han sido nubes sin agua, donde cualquier viento, son arrastrados por doquier, por las malas compañías, de compañeros, de amistades, hoy día el estudiantado la mayoría, anda por las sendas equivocadas, donde su destino final será la Sima (abismo). Es por ello, que es urgente que nos paremos en nuestro diario vivir, y caminar, para poder reflexionar, meditar, y nos preguntaremos: ¿Qu estoy haciendo con mi vida hoy este día? ¿Habrá soluciones, para que yo, inicie un nuevo cambio, un nuevo vivir, donde yo no sea un ignorante, por falta de conocimiento?

Palabras clave.

Leer, ignorancia, perdición, sima, cima, entender, comprender, discernir, amor, terquedad, disciplina, día, noche, hasta Los últimos días de nuestra vida, aquí en la tierra.

Introducción.

Hay que aprender a leer, a elaborar mapas mentales y cognitivos. Para ello, cada estudiante, deberá primeramente parar por unos minutos y reflexionar, meditar, y analizar que ha hecho con su vida estudiantil, primeramente decir, ¿que estoy haciendo como estudiante?, ¡necesito aprender- aprendiendo a leer, correctamente, con pasión, con ánimo con coraje, con perseverancia , y terquedad!, para poder entender, lo que he leído, y ¡hacia donde me lleva esta lectura, y sobre todo, que he aprendido, de esta lectura!, para mí ,primeramente y luego para ponerlo en práctica con mis colegas, para el significado y luego analizar los conceptos y sus significados, y así, poder elaborar mapas mentales y cognitivos, y así iniciare el proceso de un pensamiento complejo y simple, y además lo podre en práctica para mí y los demás. (Edgar Morin). Pensamiento complejo, simple, elaborar, lectura, procesos, terquedad, amor, perseverancia, constancia, día a día, noche tras noche. debemos de tener mucha paciencia, y con mucho amor, y constancia, tendremos éxito, desde el principio, que es leer correctamente y claro para este proceso de la lectura, hay que tener mucho amor, y el gusto y el deleite de leer, cada palabra, y su significado y para ello, nos llevaremos un buen tiempo, todo está de acuerdo a la sensibilidad, y las ganas de superación y llegar a la Cima, con paciencia, constancia y terquedad, y ya que logramos este interesante paso de la lectura, entonces el siguiente paso, es elaborar mapas mentales y cognitivos, con la misma lectura que hemos leído, y elaborar apuntes de las palabras clave. Y cuando ya hemos logrado a elaborar mapas mentales y cognitivos, tendremos otra percepción, cognitiva, y seremos más humildes, más servidores, más útiles para uno mismo y para la misma sociedad de nuestro entorno, escuela, biblioteca y hogar. Etc., etc. Muy bien, creo que estamos avanzando pasos agigantadas, aunque se, que pasos cortos pero muy valiosos, porque cuando uno quiere calidad, el paso es lento pero muy seguro y eficaz y viva la percepción cognitiva personal y global.

Metodología sistemática.

Hay que aprender a leer, para no caer en la ignorancia y la perdición. El que no aprende a leer correctamente, analizando, discerniendo, y ponerlo en práctica consigo mismo, y con los demás, esa persona ya sea estudiante, maestro, docente y público en general, pues caerá en la ignorancia y por ende en la perdición, y si no se corrige, entonces será por toda su triste vida aquí en la tierra. Por ello les invito a todo aquel o aquella que quiera salir del abismo Sima) y ser parte de los que quieren ser diferentes y no caer en la ignorancia y la perdición que empecemos a leer, tal como debe de ser, y así no seremos nubes sin agua, porque después los aires nos arrastraran por doquier, y cualquier persona, religión, fábulas, corrientes políticas nos llevaran por donde ellos y ellas quieran llevarnos. Leer, ignorancia, perdición, sima, cima, entender, comprender, discernir, amor, terquedad, disciplina, día, noche, hasta Los últimos días de nuestra vida, aquí en la tierra. Hoy día en algunas universidades de los cuatro vientos, en los diferentes planteles educativos, ya no quieren leer los estudiantes, prefiere el famoso celular-Internet, y se memorizan todo, pero no lo comprenden, no lo entiende, y mucho menos no lo pueden poner en práctica para el bien de ellos mismos y de los demás. Cuando aprendemos a leer correctamente, y lo llevamos a cabo sus funciones didácticas, psico didácticas, tanto somático como cognitivo cerebral, y elaboramos mapas mentales, cuadros mentales y mapas cognitivos, y es útil para nuestro diario vivir, y lo aplicamos para nuestro beneficio, y después para los demás, entonces ya estaos en un camino recto, correcto y sabio y así podremos ser servidores de la misma comunidad de los cuatro vientos. Entonces ya podemos decir, que hemos dado el primer paso correcto, y ya podremos seguir día a día, noche tras noche, y siempre renovando nuestra mente, la conciencia, y todos nuestros atributos que están en nuestra Masa Encefálica de los tres cerebros, y es ahí cuando iniciamos el camino espiritual, ayudados por el por el Divino y Misericordioso.

Discusión.

Por falta de conocimiento el estudiante se pierde y llega a una mediocridad. Hay que recordar que cada ser humano, somos imagen y semejanza del Creador que es el Omnisciente y por ende cada ser humano tenemos una Masa Encefálica, y en ella se encuentra los tres cerebros que son: cerebro humano y en ella se habitan: el amor, la sabiduría, la inteligencia, la consejería, el poder, el conocimiento y reverencia del Creador, y en el cerebro humano que en ella están tres elementos que son; la semilla de la iniquidad (que es la semilla del mal) y están la soberbia , la iniquidad, la malicia , el ego, el egocentrismo, y todas las maldades que habitan en esta tierra, y el tercer cerebro es el cerebro instintivo (que en él está el instintivo de matar) Amor, fe, benignidad, misericordia, sabiduría, inteligencia, poder, consejería, conocimiento, y reverencia a Dios. Desamor, ego, egocentrismo, hormonas, sexual, envidia, la soberbia, el chisme, la maldad por doquier. Hoy día la mayoría del estudiantado solo memoriza la lectura, pero no la ha comprendido, mucho menos la analiza, la discierne, y por ende pues, no la aplican en su vida diaria, y mucho menos la pone en práctica con los demás, es muy lamentable, peor esto está sucediendo hoy día en los cuatro vientos, es decir en todas las escuelas, de los diferentes niveles de enseñanza, ¡qué triste! ¡que lamentable! Pero así es. Y lo más triste es que el estudiante le gusta esa forma de vida, sin saber las consecuencias que tendrá cuando sea profesional, al final de su carrera. Vale más. Que hoy pare el estudiante, el maestro, y ponernos a reflexionar, a dialogar, y a ponerse bien listo y valiente, y decir ¡basta ya ¡hoy quiero empezar uno nuevo día, voy a cambiar mis hábitos, para bien de mí, y de los demás. Creo que vamos por un buen camino el día de hoy, solo falta que ¡tú, te decides!, hoy es el día, mañana, no sabemos si vamos a despertar, no lo sabemos. Pero hoy estamos despiertos. Debemos de cambiar de rumbo, en nuestro diario caminar, y reflexionar, día tras día, noche tras noche, y debo de preguntarme ¿Qué estoy haciendo?, ¡debo de cambiar mi rumbo, es tiempos de hacerlo, pero ya!

Recapitulación.

Hay que aprender a leer, a elaborar mapas mentales y cognitivos. Para ello, cada estudiante, deberá primeramente parar por unos minutos y reflexionar, meditar, y analizar que ha hecho con su vida estudiantil, primeramente decir, ¿que estoy haciendo como estudiante?, ¡necesito aprender- aprendiendo a leer, correctamente, con pasión, con ánimo con coraje, con perseverancia , y terquedad!, para poder entender, lo que he leído, y ¡hacia donde me lleva esta lectura, y sobre todo, que he aprendido, de esta lectura!, para mí ,primeramente y luego para ponerlo en práctica con mis colegas, para el significado y luego analizar los conceptos y sus significados, y así, poder elaborar mapas mentales y cognitivos, y así iniciare el proceso de un pensamiento complejo y simple, y además lo podre en práctica para mí y los demás. (Edgar Morin). Pensamiento complejo, simple, elaborar, lectura, procesos, terquedad, amor, perseverancia, constancia, día a día, noche tras noche. debemos de tener mucha paciencia, y con mucho amor, y constancia, tendremos éxito, desde el principio, que es leer correctamente y claro para este proceso de la lectura, hay que tener mucho amor, y el gusto y el deleite de leer, cada palabra, y su significado y para ello, nos llevaremos un buen tiempo, todo está de acuerdo a la sensibilidad, y las ganas de superación y llegar a la Cima, con paciencia, constancia y terquedad, y ya que logramos este interesante paso de la lectura, entonces el siguiente paso, es elaborar mapas mentales y cognitivos, con la misma lectura que hemos leído, y elaborar apuntes e las palabras clave. Y cuando ya hemos logrado a elaborar mapas mentales y cognitivos, tendremos otra percepción, cognitiva, y seremos más humildes, más servidores, más útiles para uno mismo y para la misma sociedad de nuestro entorno, escuela, biblioteca y hogar. Etc., etc. Muy bien, creo que estamos avanzando pasos agigantadas, aunque se, que pasos cortos pero muy valiosos, porque cuando uno quiere calidad, el paso es lento pero muy seguro y eficaz y viva la percepción cognitiva personal y global. Es de suma importancia recordar, que el que persevera alcanzara sus metas, y tendrá éxito porque hay en él o ella amor y coraje y, además, la misma palabra es viva y eficaz.

Imagen.

Consejos de un
árbol
-Párate derecho y orgulloso
-Recuerda tus raíces
-Toma mucha agua
-Se feliz con tu propia
belleza natural
-Disfruta de la vista y del
aire libre

Cuadro mental.

Por falta de conocimiento el estudiante se pierde y llega a una mediocridad. Hay que recordar que cada ser humano, somos imagen y semejanza del Creador que es el Omnisciente y por ende cada ser humano tenemos una Masa Encefálica, y en ella se encuentra los tres cerebros que son: cerebro humano y en ella se habitan: el amor, la sabiduría, la inteligencia, la consejería, el poder, el conocimiento y reverencia del Creador, y en el cerebro humano que en ella están tres elementos que son; la semilla de la iniquidad (que es la semilla del mal) y están la soberbia , la iniquidad, la malicia , el ego, el egocentrismo, y todas las maldades que habitan en esta tierra, y el tercer cerebro es el cerebro instintivo (que en él está el instintivo de matar) Amor, fe, benignidad, misericordia, sabiduría, inteligencia, poder, consejería, conocimiento, y reverencia a Dios. Desamor, ego, egocentrismo, hormonas, sexual, envidia, la soberbia, el chisme, la maldad por doquier. Hoy día la mayoría del estudiantado solo memoriza la lectura, pero no la ha comprendido, mucho menos la analiza, la discierne, y por ende pues, no la aplican en su vida diaria, y mucho menos la pone en práctica con los demás, es muy lamentable, peor esto está sucediendo hoy día en los cuatro vientos, es decir en todas las escuelas, de los diferentes niveles de enseñanza, ¡qué triste! ¡que lamentable! Pero así es. Y lo más triste es que el estudiante le gusta esa forma de vida, sin saber las consecuencias que tendrá cuando sea profesional, al final de su carrera. Vale más. Que hoy pare el estudiante, el maestro, y ponernos a reflexionar, a dialogar, y a ponerse bien listo y valiente, y decir ¡basta ya ¡hoy quiero empezar uno nuevo día, voy a cambiar mis hábitos, para bien de mí, y de los demás. Creo que vamos por un buen camino el día de hoy, solo falta que ¡tú, te decides!, hoy es el día, mañana, no sabemos si vamos a despertar, no lo sabemos. Pero hoy estamos despiertos.

Resumen de este hermoso y ultimo capitulo.

Por falta de conocimiento el estudiante se pierde y llega a una mediocridad. Hay que recordar que cada ser humano, somos imagen y semejanza del Creador que es el Omnisciente y por ende cada ser humano tenemos una Masa Encefálica, y en ella se encuentra los tres cerebros que son: cerebro humano y en ella se habitan: el amor, la sabiduría, la inteligencia, la consejería, el poder, el conocimiento y reverencia del Creador, y en el cerebro humano que en ella están tres elementos que son; la semilla de la iniquidad (que es la semilla del mal) y están la soberbia , la iniquidad, la malicia , el ego, el egocentrismo, y todas las maldades que habitan en esta tierra, y el tercer cerebro es el cerebro instintivo (que en él está el instintivo de matar) Amor, fe, benignidad, misericordia, sabiduría, inteligencia, poder, consejería, conocimiento, y reverencia a Dios. Desamor, ego, egocentrismo, hormonas, sexual, envidia, la soberbia, el chisme, la maldad por doquier. Hoy día la mayoría del estudiantado solo memoriza la lectura, pero no la ha comprendido, mucho menos la analiza, la discierne, y por ende pues, no la aplican en su vida diaria, y mucho menos la pone en práctica con los demás, es muy lamentable, peor esto está sucediendo hoy día en los cuatro vientos, es decir en todas las escuelas, de los diferentes niveles de enseñanza, ¡qué triste! ¡que lamentable! Pero así es. Y lo más triste es que el estudiante le gusta esa forma de vida, sin saber las consecuencias que tendrá cuando sea profesional, al final de su carrera. Vale más. Que hoy pare el estudiante, el maestro, y ponernos a reflexionar, a dialogar, y a ponerse bien listo y valiente, y decir ¡basta ya ¡hoy quiero empezar uno nuevo día, voy a cambiar mis hábitos, para bien de mí, y de los demás. Creo que vamos por un buen camino el día de hoy, solo falta que ¡tú, te decides!, hoy es el día, mañana, no sabemos si vamos a despertar, no lo sabemos. Pero hoy estamos despiertos. Debemos de cambiar de rumbo, en nuestro diario caminar, y reflexionar, día tras día, noche tras noche, y debo de preguntarme ¿Qué estoy haciendo?, ¡debo de cambiar mi rumbo, es tiempos de hacerlo, pero ya!

Mira que te mando que
te esfuerzes y seas
valiente no temas ni
desmayes porque Dios
estara contigo en donde
quiera que tu vallas.

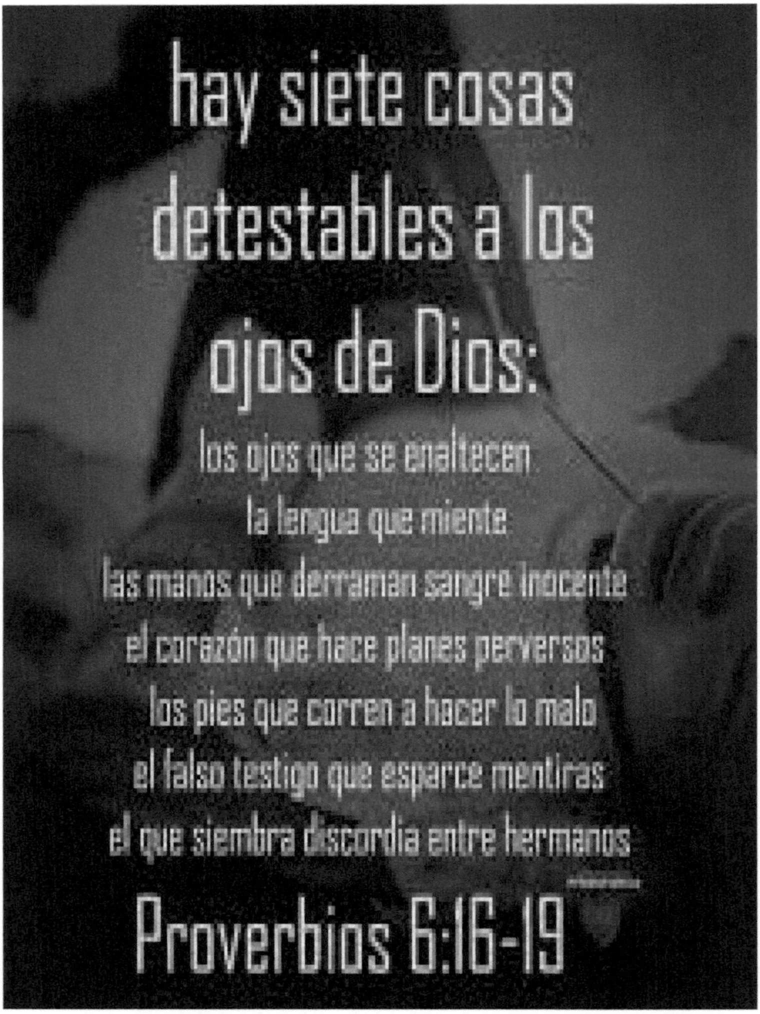

hay siete cosas detestables a los ojos de Dios:

los ojos que se enaltecen

la lengua que miente

las manos que derraman sangre inocente

el corazón que hace planes perversos

los pies que corren a hacer lo malo

el falso testigo que esparce mentiras

el que siembra discordia entre hermanos

Proverbios 6:16-19

Bibliografía.

(Las Sagradas Escrituras- Biblia).

1.- Barraza Cuéllar Armando. (2011). Siete Pasos para llegar a una Enseñanza-Aprendizaje. (Metas para el 2021 en la educación educativa a nivel superior de alta calidad, en el inicio de un pensamiento integral). U.S.A. Editorial Palibrio.

2.- Barraza Cuéllar Armando. (2012) ¡Como que eres maestro! España. Editorial Académica Española.

3.- Barraza Cuéllar Armando. (2012). Vamos pues a integrar: cuerpo, mente y consciencia. España. Editorial Académica Española. ISBN.

4.- Barraza Cuellar Armando. (2012) ¿Cómo le puedo hacer? Yo, para reactivar a mí: Cuerpo, a mi mente y a la inteligencia e integrarlos para sus diferentes funciones. España. Editorial Académica Española. ISBN.

5.- Barraza Cuéllar Armando. (2012). Siete pasos para llegar a la consciencia. España. Editorial Académica Española. ISBN.

6.-Barraza Cuéllar Armando. (2012). Los siete procesos de una integridad que es la enseñanza-aprendizaje. España. Editorial Académica Española. ISBN

7.- Barraza Cuéllar Armando. (2019). Enséñame tu, lo que yo no veo.
España. Editorial Académica Española. ISBN.

8.- Barraza Cuéllar Armando (2022). Tu decides, que rumbo tomas.

978- 620-2- 10386-2. Editorial Académica Española. ISBN.

9.- Barraza Cuellar Armando. (2022) Debilidades y Fortalezas para integrar, desintegrar y reintegrar. Editorial Académica española. 978- 620-2- 10798-3. ISBN.

10.- Barraza Cuellar Armando. (2023). Hoy voy a Aprender a Leer. Editorial Académica Española. 978- 620- 2- 11180-5. ISBN.

11.-Barraza Cuellar Armando. (2023). Hoy día es muy difícil encontrar un Amor Sincero.

Editorial Académica Española. 978-620-2- 11421-9 ISBN.

12. Barraza Cuellar Armando, (2023) ¿Por qué nosotros los seres humanos, nos inclinamos a hacer el mal? ¡Y porque no, hacemos el bien! ISBN. 978- 620-2-11905-4.

Printed by Books on Demand GmbH, Norderstedt / Germany